中国劳动关系学院
青年学者文库

上市公司衍生金融工具运用风险及治理研究

RESEARCH ON THE RISK AND GOVERNANCE
OF DERIVATIVE FINANCIAL INSTRUMENT
IN LISTED COMPANIES

马 施 著

社会科学文献出版社
SOCIAL SCIENCES ACADEMIC PRESS (CHINA)

目 录
CONTENTS

导　论

20世纪70年代，随着西方金融市场利率、汇率的波动加大，经济活动的不确定性和风险随之增加。为了规避因利率、汇率、价格等不可预见的波动给企业带来的风险，衍生金融工具应运而生。从诞生至今，衍生金融工具以惊人的速度蓬勃发展，不但显著地提高了整个金融市场的经营效率和活力，也成为企业规避未来风险的有力武器。

然而，衍生金融工具是一把"双刃剑"，它虽然有利于企业规避由于不确定性而产生的利率、汇率、价格等波动而带来的风险，但是由于衍生金融工具的虚拟性、杠杆性、复杂性等，企业也可能陷入衍生的财务风险之中。如果巴林银行因运用衍生金融工具投资失败而倒闭我们尚可隔岸观火，那么席卷全球的危机让中国企业再难独善其身，部分企业在衍生金融工具交易中损失惨重，其中既有深陷次级债券泥潭的大型国有商业银行，也有在衍生金融工具投资业务中折戟的非金融企业。

中国上市公司运用衍生金融工具的动因是什么？衍生金融工具

的运用将如何影响企业的风险? 如何运用各种监管手段管理衍生金融工具风险? 这些成为会计研究中亟待解决的问题。现有衍生金融工具运用风险管理研究多以金融类公司为研究对象,但是近些年非金融类上市公司运用衍生金融工具的数量和规模都迅速发展。非金融类上市公司在衍生金融工具交易中往往是终端用户,无论在信息、技术还是风险的承受能力上较之交易商都处于劣势,其风险管理问题更亟待研究。为此,本书以中国运用衍生金融工具的非金融类上市公司这一群体作为研究对象,深入分析和检验其运用衍生金融工具的动因,考察运用衍生金融工具公司的风险效应和风险治理效应,并在此基础上探寻衍生金融工具的风险管理策略,以便为投资者和监管者提供决策依据。

一 研究背景、动机和意义

(一) 研究背景

巴林银行、中航油等衍生金融工具投资失败的案例余音未平,由衍生金融工具引发的全球次贷危机便来势汹汹。经历了多起由衍生金融工具引发的公司危机之后,无论是国外还是国内,无论是理论界还是实务界,无论是监管部门、投资者还是管理层,对衍生金融工具的运用及其风险管理都给予了高度的重视。

面对上市公司运用衍生金融工具的巨大风险和监管措施乏力等现象,理论分析与研究也相应展开,并取得了一定的成果。通过对现有文献的检索和梳理,总体来看已有的研究可分为三类:实证性研究、规范性研究和对策性研究。其中,实证性研究主要描述、解释上市公司运用衍生金融工具的特征与风险;规范性研究主要从理论分析和个案分析的角度探讨上市公司运用衍生金融工具的风险种类及投资失败的原因；对策性研究主要从会计学和金融学层面来讨论应如何计量、披露、预测和规避上市公司运用衍生金融工具的风险敞口。归结起来，这三类研究所回答的问题分别是"是什么"、"为什么"和"怎么办"。"是什么—为什么—怎么办"是一个有机的逻辑链条。在国外的研究中，"是什么"和"为什么"问题一直是研究的主流，学术界进行了旷日持久的激烈争论，目前尚无定论，针对中国市场背景的研究更是寥寥无几。中国国内的研究重点集中在"怎么办"这一问题上。近年来，关于"怎么办"的研究也取得了相当大的进展，主要集中在会计准则的规范、公司治理机制的完善以及开发衍生金融工具风险预警模型等方面。

在"是什么—为什么—怎么办"研究的整体链条中，针对"怎么办"方面的研究虽然比较多，但是比较零散，且缺乏"是什么"和"为什么"研究成果的有力支撑。有必要加强基于中国市场环境和制度背景的"是什么"和"为什么"问题的研究。因此，本书在具体分析中国市场背景和制度的基础上，分析上市公司"为什么"运用衍生金融工具以及上市公司运用衍生金融工具的风险效应"是什么"，"如何"通过发掘和加强上市公司自身风险管理的基础性作用，有针对性地提出抑制盲目投机、避免系统性风险的管理策略，这也构成本书的切入点。

国际上，从1988年开始，巴塞尔银行监督与管理委员会就已在一系列报告中，充分表达了对衍生金融工具风险信息披露不足的问题及由于信息披露不足而给监管带来负面影响的忧虑，并在不同的文件中对衍生金融工具风险监督的技术及会计信息表内化提出了更高的要求；国际会计准则委员会（IASC）和美国财务会计准则委员会（FASB）对衍生金融工具的确认、计量和报告进行了持续而有成效的研究（ED40、ED48、IAS32、IAS39，SFAS105、SFAS107、SFAS115、SFAS119、SFAS125、SFAS126、SFAS127、SFAS133、SFAS137、SFAS138、SFAS140、SFAS149）；美国反虚假财务报告委员会下属的发起人委员会（COSO）先后发布了《全面风险管理框架》（2003）、《风险管理——整合框架》（2004）。自次贷危机爆发以来，美国、英国、法国、澳大利亚、加拿大、韩国和日本等国也开始对本国衍生金融工具运用及其风险管理展开进一步研究。

在中国，对衍生金融工具会计准则的制定也取得了丰硕成果。财政部于1999年开始组织进行相关的会计准则基础研究，并于2006年2月正式颁布了《企业会计准则第22号——金融工具确认和计量》、《企业会计准则第23号——金融资产转移》、《企业会计准则第24号——套期保值》和《企业会计准则第37号——金融工具列报》四项准则。然而，次贷危机爆发以来多家国内企业的衍生金融工具投资风险导致巨额亏损的案例引发了学术界和实务界对现行衍生金融工具风险确认、计量、报告的批评以及改进的探讨。

实践证明，衍生金融工具的运用是经济发展的理性选择；建立健全衍生金融工具的风险管理体系是促进企业及时发现、应对风险，实现可持续发展战略的必然要求，是企业进入国际市场、参与国际竞争、合理规避风险的有力保障。

（二）研究动机

1. 企业风险管理的需要

利益最大化是公司生存的内在基础，风险与收益的权衡是公司做出决策的前提，如何让公司有组织地承担风险并使股东利益最大化是风险管理的本质。在市场经济条件下，公司作为独立的市场主体和利益主体，有自己的利益要求，企业各个股东之间也会有各自的利益诉求。在这些冲突面前，协调股东与管理者的利益冲突、大股东与中小股东的利益冲突，将公司的风险控制在各方可以接受的范围内，以及将公司面临的风险水平及时、准确地披露给有关各方是关键的问题。

2. 投资者理性决策的依据之一

公司价值是理性的投资者进行投资决策的重要依据。然而，作为"结果"的公司价值需要"过程"来支撑，即运用有效的风险管理策略来提供保障。因此，公司运用衍生金融工具的动机、对待风险的态度以及是否有行之有效的风险管理策略成为投资者关注的重要内容。向投资者提供公司运用衍生金融工具的相关信息，尤其是有关风险的信息，一方面有利于投资者做出正确的决策判断，另一方面将促使公司管理层更加重视衍生金融工具的风险，更好地履行受托责任。

3. 监管部门有效监管的难点

公司运用衍生金融工具的历史由来已久，因运用衍生金融工具而造成重大损失的案例也屡见不鲜，从巴林银行到兴业银行，从中航油到中信泰富，从国外巨头到国内精英，从金融企业到非金融企业，衍生金融工具交易失败不断引发企业危机，甚至使全球金融体系剧烈动荡。虽然各家公司运用衍生金融工具而导致失败的原因有所不同，但监管的乏力成为其中不可回避的问题之一。特别是自次贷危机爆发以来，关于衍生金融工具的运用及其风险管理引起了监管当局的高度重视。目前，许多国家努力从各个层次和角度寻求衍生金融工具风险管理的有效途径，但其创新速度快，监管部门始终要慢上一拍。努力让监管能力保持与金融创新的同步发展，已成为各国监管机构面临的一个主要挑战（阿尔弗雷德，2003）。

通过近几年来对公司价值理论的学习和研究，加之对实践领域的关注，笔者深切地感受到，大部分研究集中在公司的收益以及公司治理方面，而对影响公司价值的重要因素——风险关注甚少。次贷危机的爆发使风险成为关注的焦点。衍生金融工具的复杂性、杠杆性、虚拟性和创新性使其成为公司的重要避险工具的同时，也成为公司投机的利器。衍生金融工具的运用应与公司的风险态度相协调，运用衍生金融工具的风险效应应当是运用衍生金融工具动机的外在反映，公司的风险管理策略必须与公司的管理实践相适应。次贷危机爆发以来，管理层、投资者以及监管部门对运用衍生金融工具的认识逐渐升华，衍生金融工具的运用及风险管理是多方关注的焦点，在客观上要求学界提供更有价值的研究以供参考。在经济全球化和后金融危机的大背景下，中国上市公司运用衍生金融工具的必要性和紧迫性已有目共睹，上市公司如何制定有效的衍生金融工具风险管理策略至关重要。

（三）研究意义

1. 理论意义

第一，衍生金融工具是学术殿堂和金融市场的明星。在中国衍生金融工具发展之际，如何管理衍生金融工具的风险，是市场参与主体、监管机构以及学者共同关心的问题。要研究衍生金融工具的风险管理，前提是对衍生金融工具的作用机理、运用效应有清楚的认识。本书在全面考察中国上市公司运用衍生金融工具的风险效应和风险治理效应的基础上构建运用衍生金融工具风险的管理策略，以期为衍生金融工具风险管理理论提供更多的参考。

第二，理论上对于衍生金融工具运用的研究多以西方发达资本市场作为研究背景，其结论在中国的适用性有待商榷，本书以中国上市公司运用的所有衍生金融工具为研究对象，针对中国的市场环境和制度背景进行有针对性的研究，以期为中国上市公司运用衍生金融工具提供更全面的理论支持。

2. 现实意义

第一，随着全球一体化进程的推进和中国经济的高速发展，中国企业参与世界经济的广度和深度不断加强，与此同时受国际金融环境的影响也不断加大，中国企业对衍生金融工具的需求不断加强，但是衍生金融工具具有虚拟性、杠杆性、复杂性等特性，在运用过程中许多中国企业和投资者损失惨重。如何在运用衍生金融工具的同时合理监控和防范风险，使衍生金融工具的风险控制在企业能够承受的范围之内，对于企业和投资者具有重要的实践意义。

第二，衍生金融工具对企业的发展和经济的稳定发挥着重要作用，但企业对衍生金融工具风险也必须有充分的认识并制定有效的风险管理策略。财政部于 2006 年发布的企业会计准则对衍生金融工具的确认、计量、报告做了新的规定，衍生金融工具的会计特征发生了较大变化，加上金融危机的影响仍未消除，油价上涨、全球升息、美元贬值、国际社会动荡等诸多不可控因素影响加剧，在此背景下研究衍生金融工具的风险管理具有较大的现实意义。

二　研究框架与主要内容

（一）研究框架

本书在对国内外学术界有关上市公司衍生金融工具运用的研

究成果进行系统回顾和梳理的基础上，结合中国的制度背景和市场环境来分析中国上市公司衍生金融工具的特征、风险效应和风险治理效应，并对理论假说进行大样本的实证检验。本书在特征和效应分析的基础上，尝试借鉴国际的先进经验，构建中国上市公司衍生金融工具风险管理总体框架并有针对性地提出上市公司衍生金融工具风险管理的具体策略。具体的研究框架如图0-1所示。

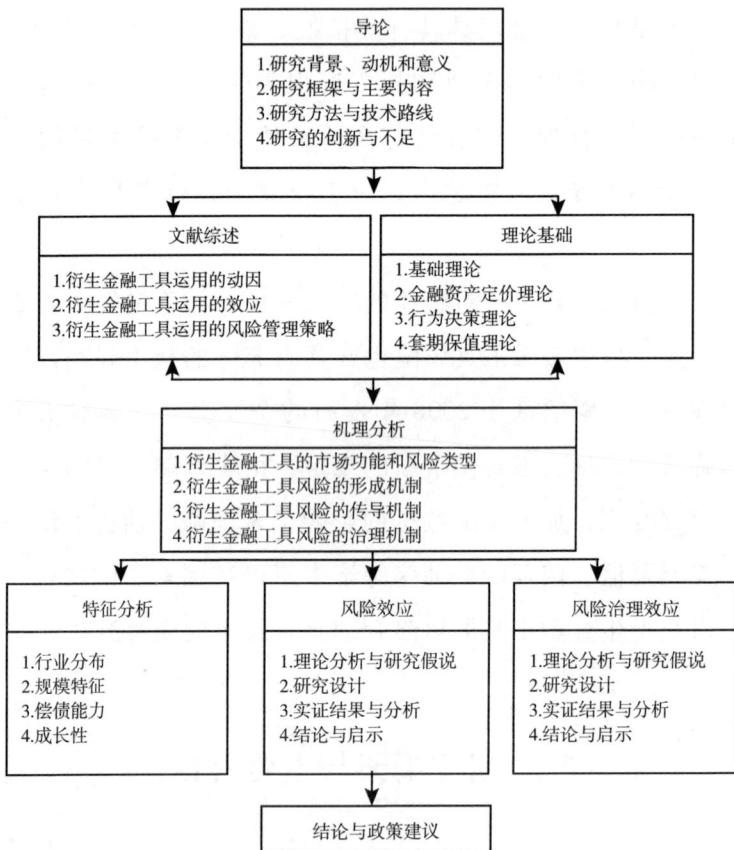

```
                    ┌──────────────────────┐
                    │         导论          │
                    ├──────────────────────┤
                    │ 1.研究背景、动机和意义   │
                    │ 2.研究框架与主要内容     │
                    │ 3.研究方法与技术路线     │
                    │ 4.研究的创新与不足       │
                    └──────────────────────┘

    ┌──────────────────────┐      ┌──────────────────────┐
    │       文献综述        │      │       理论基础        │
    ├──────────────────────┤      ├──────────────────────┤
    │ 1.衍生金融工具运用的动因 │      │ 1.基础理论             │
    │ 2.衍生金融工具运用的效应 │      │ 2.金融资产定价理论      │
    │ 3.衍生金融工具运用的    │      │ 3.行为决策理论          │
    │   风险管理策略          │      │ 4.套期保值理论          │
    └──────────────────────┘      └──────────────────────┘

                    ┌──────────────────────────┐
                    │         机理分析          │
                    ├──────────────────────────┤
                    │ 1.衍生金融工具的市场功能和风险类型 │
                    │ 2.衍生金融工具风险的形成机制       │
                    │ 3.衍生金融工具风险的传导机制       │
                    │ 4.衍生金融工具风险的治理机制       │
                    └──────────────────────────┘

  ┌──────────────┐   ┌──────────────┐   ┌──────────────┐
  │    特征分析    │   │    风险效应    │   │   风险治理效应  │
  ├──────────────┤   ├──────────────┤   ├──────────────┤
  │ 1.行业分布     │   │ 1.理论分析与研究假说 │ 1.理论分析与研究假说 │
  │ 2.规模特征     │   │ 2.研究设计     │   │ 2.研究设计     │
  │ 3.偿债能力     │   │ 3.实证结果与分析 │   │ 3.实证结果与分析 │
  │ 4.成长性       │   │ 4.结论与启示   │   │ 4.结论与启示   │
  └──────────────┘   └──────────────┘   └──────────────┘

                    ┌──────────────────────┐
                    │     结论与政策建议      │
                    └──────────────────────┘
```

图 0-1　研究框架

（二）主要内容

本书从衍生金融工具的市场功能与风险类型基础出发，对中国非金融类上市公司衍生金融工具运用风险的产生机制、传导机制和治理机制进行了系统分析，深入剖析了衍生金融工具的功能所在、风险所来以及功能与风险的互生互动关系。在上述理论分析的基础上，从上市公司衍生金融工具的运用特征、风险效应和风险治理效应三个方面对上市公司衍生金融工具的运用进行了实证研究。具体内容分为四个部分。

第一部分为提出问题。包括导论。在全球衍生金融工具迅猛发展和中国上市公司运用衍生金融工具的热情高涨的背景下，本书系统分析了衍生金融工具运用风险的类型以及中国上市公司衍生金融工具风险管理中存在的问题，阐明了本书的意义和目标、界定了本书的方法，明确了本书的思路和内容。

第二部分为理论分析。包括第一章、第二章、第三章。回顾现有文献，归纳了上市公司运用衍生金融工具的动因、效应和风险管理策略的不同理论观点；基于有效市场理论、MM 理论、信息不对称与委托代理理论，分析金融资产定价理论、行为决策理论和套期保值理论对上市公司衍生金融工具运用的意义；从衍生金融工具的市场功能与风险类型出发，对中国非金融类上市公司衍生金融工具运用风险的产生机制、传导机制和治理机制进行了系统分析。

第三部分为实证研究。包括第四章、第五章、第六章。以中国市场环境和制度背景为基础，选择运用衍生金融工具的非金融类上市公司作为研究样本，对运用衍生金融工具上市公司的特征、风险效应和风险治理效应进行了实证研究和检验。

第四部分为主要结论、对策建议及未来的研究方向。对以上理论分析和实证分析进行系统总结；针对中国上市公司衍生金融工具运用风险提出相应的政策建议，包括构建中国上市公司衍生金融工具风险管理的总体框架和有针对性地提出完善中国上市公司衍生金融工具运用风险的管理策略；提出今后研究工作可以进一步探讨的问题。

三　研究方法与技术路线

（一）研究方法

第一，定性研究与定量研究相结合。定性分析是为了揭示事物的质的规定性及其运动或变化的规律性；定量分析是为了认识事物在某些方面的具体特征。本书的主要任务是揭示中国上市公司运用衍生金融工具的内在动因与外在效应的规律性，并在此基础上提出科学有效的风险管理策略，所以定性分析必不可少；但是，上市公司运用衍生金融工具的内在动因与外在效应又存在隐蔽性和不确定性，因此只有采用大样本的定量研究才具有客观性和说服力。因此，本书既要进行定性分析，又要结合定量分析验证定性分析的科学性。

第二，理论分析与实证检验相结合。本书从文献回顾、理论基础和运行机理三个方面对上市公司衍生金融工具的运用进行理论分析，回顾现有文献，归纳了上市公司运用衍生金融工具的影响因素、风险效应的不同理论观点；在理论基础的研究中，分析了上市公司运用衍生金融工具风险管理的理论渊源；在运行机理的研究中，分析了上市公司衍生金融工具运用风险的产生机制、传导机制和治理机制。上市公司衍生金融工具的运用是一个现实性很强的问题，理论推理是否能够得到实证的检验？因此本书在理论分析的基础上对中国上市公司运用衍生金融工具的内在动因与外在效应进行了实证检验。研究过程中运用了描述性统计分析、样本均值的 T 检验、Logistic 回归分析等研究方法。

第三，运用会计学、金融学、经济学、管理学和制度经济学等多学科的理论与方法进行研究。上市公司衍生金融工具运用问题属于跨学科的交叉性研究领域。衍生金融工具的确认、计量和披露问题是会计问题，衍生金融工具的风险测度又是金融问题，衍生金融工具的运用和风险管理过程是一个利益相关者的博弈过程，还会产生信号效应、监管策略的调整和制度安排的构建，因此，又涉及经济学、管理学和制度经济学等多学科的理论和方法，在研究过程中应立足会计理论与方法，并综合运用其他学科的研究成果。

（二）技术路线

本书通过运用上市公司的年报数据，采用大样本的实证检验探寻上市公司运用衍生金融工具的内在动因与外在效应，探讨和完善在市场经济条件下，遵循衍生金融工具自身运行规律，体现风险与收益理念下的上市公司衍生金融工具的风险管理策略。本书的思路是"理论分析—实证检验—政策建议"，研究工作的整体思路和主要技术路线具体分为前期准备、调查研究、论文形成三个阶段，各阶段的逻辑推进关系见图 0 - 2。

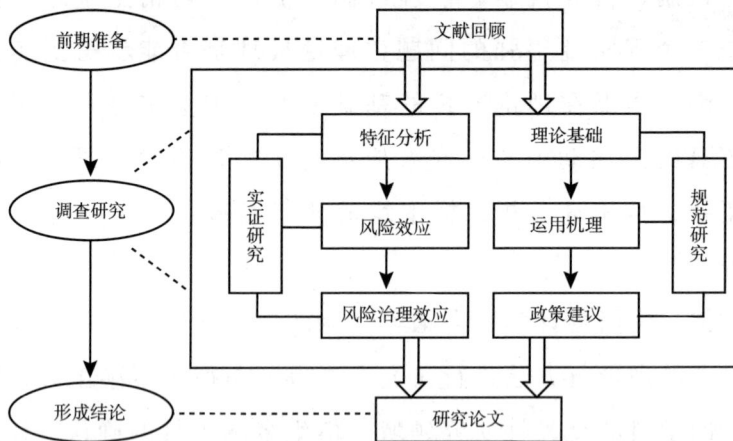

图 0 - 2　研究技术路线

第一章
上市公司运用衍生金融工具研究进展

一 运用衍生金融工具的动因

关于上市公司运用衍生金融工具的动因，学者们展开了大量的研究。按照公司不同的风险偏好，可将公司分为风险规避者、风险追求者和风险中立者，其运用衍生金融工具的动因分别为规避风险、投机获利和其他动因。但是现有文献关于公司运用衍生金融工具的动因无论在理论分析还是在实证结果上都没有形成一致的结论，这主要是由于不同的动因理论所依据的公司风险偏好不同。

（一）衍生金融工具运用动因的理论解释

1. 风险规避者运用衍生金融工具的动因

价格保险理论。对衍生金融工具进行研究的早期理论认为，价格保险是企业运用衍生金融工具的最初动因。价格保险就是转移或规避商品或资产价格波动的风险。早在20世纪初，凯恩斯·希克等人对这一问题进行了深入的研究。研究的结果表明，参与衍生金融工具交易的企业主要是出于风险厌恶的本性，通过运用衍生金融工具转移所面临的各种价格波动的风险，以达到锁定未来商品或资产价格，规避风险的目的。

套期保值模型理论。Stulz（1984），Smith 和 Stulz（1985），DeMarzo 和 Duffie（1991），Froot、Scharfstein 和 Stein（1993）建立了一系列的公司套期保值模型，这些模型的预测结果显示，缺乏多样性且为风险厌恶者的公司在面临递增的税负、潜在的巨大破产风险以及未来资金需求存在巨大的信息不对称时运用衍生金融工具降低风险。

管理层自利理论。管理层自利理论是基于委托代理理论提出的。其主要观点是经理层是风险厌恶者，管理者往往不愿意冒风险，因为他的个人收入与其所冒风险之间没有明显的关系，高风险的投资项目一旦失败会导致公司的财务失败或公司破产，管理者也会因此失去工作和稳定的收入；而高风险的投资项目成功，取得较高的超额收益时，管理者也不能分享其超额收益，即使能分享也是微乎其微。因此管理层存在运用衍生金融工具进行避险的动机。

2. 风险追求者运用衍生金融工具的动因

收益回报理论。20 世纪 50 年代，Working（1953）对价格保险理论在衍生金融工具运用动因理论中的主导地位提出了质疑与挑战。他认为，公司运用衍生金融工具并非仅仅是为了规避价格波动的风险，还利用期货价格与现货价格的差价变动获取收益。其研究结论是，公司运用衍生金融工具的动因是避险与投机的混合，而且从价格的波动中获取基差收益，即投机动因更为重要。

财富转移理论。该理论认为公司股东运用衍生金融工具是为了承担额外的风险而获取收益。这些理论是建立在 Black 和

Scholes（1973）《期权与公司债务》一文的分析基础上的，此文认为高波动性对股东来说是有益的，这相当于一项看涨期权，而对于债权人来说却是一项看跌期权。Jensen 和 Meckling（1976）、Myers（1977）指出高杠杆公司有运用衍生金融工具投机的动机，因为通过增加公司的风险程度可以实现财富从债权人向股东的转移。

3. 风险中立者运用衍生金融工具的动因

投资组合理论。Markowitz（1952）提出以均值方差理论为主的现代投资组合理论后，Johnson（1960）等即应用投资组合理论对公司衍生金融工具的运用进行研究。他们在研究中指出价格保险理论和收益回报理论都是不全面的，因为大量的实证研究表明，许多套期者仅仅对他们的风险暴露进行部分套期，而上述理论对此无法解释。而在市场投资组合的框架下，公司运用衍生金融工具是否进行套期或者进行套期的水平取决于期望收益是否可以使期望效用达到最大化。因此，公司运用衍生金融工具的动因既不是风险最小化，也不是利益最大化，而是二者的权衡，而这种权衡取决于运用者的风险偏好。

企业价值理论。企业价值理论从资本市场的不完全性出发，对风险中立者运用衍生金融工具的动因进行研究。根据 MM 理论，在市场完美的假设下，公司财务决策不影响公司价值，即衍生金融工具的运用与公司价值无关。但由于资本市场的不完全性，如存在税收支出、财务困境（Financial Distress）、投资不足、信息不对称以及代理成本等，公司可以通过运用衍生金融工具减少市场的各种摩擦成本以缓解市场的不完备性。企业价值理论为风险中立公司以及可以通过其他手段分散风险的公司运用衍生金融工具提供了很好的解释。

（二） 衍生金融工具运用动因的实证检验

针对不同的衍生金融工具运用动因理论，国外学者们开展了大量的实证研究，这些研究总体上分为两种路径：一种是对运用衍生金融工具的公司进行问卷调查；另一种是利用资本市场的数据进行实证检验。

1. 基于对运用衍生金融工具公司的调查问卷

美国沃顿商学院将 1994 年和 1995 年的美国非金融公司作为研究对象，对其使用衍生金融工具的目的进行问卷调查。结果显示 1994 年 50% 以上的公司运用衍生金融工具是为了规避合同风险和对短期内发生的预期交易进行套期保值；52. 15% 的公司从未运用衍生金融工具进行套利或降低融资成本；66% 的公司表示它们从未运用衍生金融工具对表内风险、外汇风险或经济与竞争风险进行套期保值。1995 年的调查表明，49% 的企业使用衍生金融产品是为了管理现金流量波动性；42% 的企业是为了管理会计收益波动；8% 的企业是为了管理市场价值波动；1% 的企业是为了管理资产负债表波动。与 1994 年的调查不同，33% 的企业承认它们有时积极承担一些风险，而这种风险承担行为能够反映它们对利率和汇率的市场判断。例如，61% 和 48% 的企业分别通过改变套期保值的时间安排和套期保值的规模，反映对汇率变化的看法；62% 和 51% 的企业分别通过改变套期保值的时间安排和套期保值的规模，反映对利率变化的看法。这次调查还发现，大多数企业的风险管理主要集中于交易性风险和短期风险；企业通常不会进行系统性的套期保值，而是实施所谓的"有选择的套期保值"，套期保值比率取决于企业对未来价格趋势的判断。

Alkeback 和 Hagelin （1999） 通过问卷调查的方式对瑞典非金

融公司运用衍生金融工具的目的进行研究，结果显示52%的公司使用衍生金融工具且大部分公司运用衍生金融工具的目的是规避利率风险。他们采用相同的问卷对相同的公司在2003年运用衍生金融工具的目的进行研究，结果发现与1996年相比，2003年使用衍生金融工具的瑞典非金融公司数目增加到59%，而且增加的公司以中小企业为主；与1996年不同的是，2003年瑞典非金融公司运用衍生金融工具主要是规避市场风险。

世界掉期与衍生产品协会（ISDA）分别于2003年和2009年对世界500强公司运用衍生金融工具的情况进行问卷调查，研究显示在2003年有92%的世界500强公司运用衍生金融工具管理和对冲利率风险、汇率风险、商品价格风险和股价风险以套期保值。在运用衍生金融工具的公司中，绝大多数公司是为了控制利率风险和汇率风险对公司的影响，占到运用衍生金融工具公司的92%和85%；另有一部分公司运用衍生金融工具是为了控制商品价格风险和股价风险，占到运用衍生金融工具公司的25%和12%。相比2003年，2009年世界500强公司中有94%的公司使用衍生金融工具来管理和对冲风险。两项研究均表明世界500强公司运用衍生金融工具的主要目的是规避各种风险。

与理论发展相同，企业运用衍生金融工具的目的也在发生变化，研究显示尽管大部分公司运用衍生金融工具主要是为了规避经营过程中可能遇到的各种风险，但是在规避风险的同时公司运用其信息优势积极承担一些风险以获取利益的动机也是客观存在的。

2. 基于资本市场数据的实证检验

上述研究表明大部分公司运用衍生金融工具的主要目的是规避风险而非投机，这为我们了解上市公司运用衍生金融工具的动因提供了直观而有价值的依据。然而，上述研究的结果均来自对公司的调查问卷，调查问卷通常会面临未答复偏倚。事实上，对冲者拥有更强的回复动机。因此，不能保证回复的样本能够正确地反映总体的特征。Graham 和 Smith（1999）举例说明，部分管理者会将问卷中提到的问题看作私有信息，或者会犹豫是否承认运用衍生金融工具投机而不是对冲。Haushalter（2000）则表明，在他的研究中，未回复公司的资产明显少于回复公司。另外，问卷的回复者通常是 CEO 和 CFO，调查结果会受他们自身对公司印象的影响。值得注意的是，绝大多数情况下反馈信息的真实性无法验证，调查问卷的对象是公司，公司对于衍生金融工具的运用是否与问卷的回答相符，也就是说运用衍生金融工具的公司是不是如实回答了问题。可见只"听其言"的研究结论并不具有充分的说服力，不仅要"听其言"，还要"观其行"，因此公司运用衍生金融工具的动因还需要通过其在资本市场上的数据加以检验。

为此，学者们利用资本市场的公开数据，从不同的视角对上市公司运用衍生金融工具的动因进行研究。其中最为重要、最为直接的是基于风险视角的检验。学者们采用不同的指标作为公司风险的量度，通过对比同一家公司运用衍生金融工具前后、运用衍生金融工具公司与未运用衍生金融工具公司以及新运用衍生金融工具公司的风险水平，探究公司运用衍生金融工具的内在动因。Tufano（1996）以采掘行业为样本研究公司运用衍生金融工具的动因，结果表明公司运用衍生金融工具的目的是规避风险。Bodnar 和 Marston（1998）对公司运用衍生金融工具的动因进行了进一步研究，发现大部分公司运用衍生金融工具的主要目的是规避风险，有些公司运用衍生金融工具的目的是投机。Guay（1999）以 254 家新使用衍生金融工具的非金融公司为研究样本，运用不同的风险衡量方法对公司运用衍生金融工具后的风险水平进行考察，结果显示在公司开始运用衍生金融工具的一段时间内风险水平显著下降，且公司选择的衍生金融工具种类与其面临的风险相匹配。研究表明，公司运用衍生金融工具的目的是套期保值而不是投机。Hentschel 和 Kothari（2001）以美国 425 家大公司为研究对象，对这些公司运用衍生金融工具是为了规避风险还是增加风险进行研究。通过对比运用衍生金融工具公司和未运用衍生金融工具公司的风险特征，发现二者的风险水平并不存在显著的差异，即公司运用衍生金融工具的投机倾向并不明显。

　　另外一部分学者基于公司价值的视角进行检验，通过对比分析运用衍生金融工具公司与未运用衍生金融工具公司的特征（如财务压力、税收成本、代理成本等）考察公司运用衍生金融工具的动因。他们认为如果公司运用衍生金融工具与公司的某种特征的不确定性相关，则公司有运用衍生金融工具分散这种不确定性风险对公司价值影响的动因。与风险视角不同，基于公司价值视角的分析是以公司运用衍生金融工具进行套期保值为前提，分析公司运用衍生金融工具套期保值的影响因素，这些因素主要包括税收成本（Smith, Stulz, 1985; Nance, Smith, Smithson, 1993; Fok, Carroll, Chiou, 1997; Graham, Smith, 1999; Graham, Rogers, 2002; Dionne, Triki, 2004; Mardsen, Prevost, 2005）、财务危机（Berkman, Bardbury, 1996; Gay, Nam, 1998; Haushalter, 2000; Rogers, 2002; Brown, Crabb, Haushalter, 2003）、投资不足（Myers, 1984; Mayers, Smith, 1987; Froot et al., 1993）以及代理成本（Knopf et al., 2002）。

　　国内学者对衍生金融工具运用动因的研究起步较晚。沈群（2007）认为中国上市公司运用衍生金融工具主要是为了套期保值、规避风险，并选取深沪两市有色金属加工或生产行业的所有上市公司 2003 年、2004 年和 2005 年的共 111 个观测值作为研究样本，对中国上市公司运用衍生金融工具套期保值的动机进行研究，研究表明中国上市公司运用衍生金融工具套期保值的动机主要是实现规模效应、降低财务困境成本和降低外部融资成本。

刘淑莲（2009）以深南电期权合约为例，以完全避险观、基差逐利观和投资组合观为基础，分析了公司使用衍生产品的三种目的；结合套期保值的实践证据，探讨了衍生产品使用中套期保值和投机的关系；提出了使用衍生产品的目的不仅是进行风险对冲，而且是通过风险承担获得收益。

曲琳琳、林山（2009）对 2008 年中央企业投资金融衍生品的情况做了统计和分析，认为从事掉期合约、结构性存款的企业，主要是对汇率和利率进行套期保值，但同时也指出中国一些企业在套保中之所以出现巨亏，其原因就是这些企业脱离了单纯的套保规避风险的原则，偏离了轨道，参与到与市场对堵方向的投机活动，以获取超额收益，因为方向判断失误而落败。

郑莉莉、郑建明（2012）通过对 2005～2010 年中国上市公司使用外汇衍生品的数据进行分析，研究上市公司使用外汇衍生品行为的影响因素，从而对破产成本等假设进行验证。研究发现，财务状况、投资机会等指标是使用衍生品的影响因素。同时，研究还分析了公司的股权结构、产权性质、市场化程度、政治关联度对其使用衍生品的影响。

魏杭（2017）以 K 企业为例，结合衍生金融工具运用风险管理原理，分析 K 企业在澳元累计期权交易中的巨亏事件，认为 K 企业的初衷是套期保值，但在实际操作中出现了十分严重的偏离，原先应该作为套期保值工具的澳元期权合约变成了投机盈利的工具，导致其发生巨额亏损。

二　运用衍生金融工具的效应

公司运用衍生金融工具对公司的财务状况、经营成果以及现金流量会产生怎样的影响，这些影响又将如何影响公司价值，一直是学术界研究的热点。对衍生金融工具运用动因的研究表明，绝大多数公司运用衍生金融工具是由于其风险厌恶的特性，因此研究衍生金融工具运用对公司价值的影响主要围绕风险对冲对公司价值的影响展开，并形成了两种不同的观点：无关论和有关论。

（一）无关论

无关论是建立在 Modigliani 和 Miller（1958）提出的著名的 MM 理论基础上的。根据 MM 理论，在市场完美的假设下，即不存在信息不对称、税收和交易成本的完全资本市场中，企业的资本结构不会影响公司的价值。因此，能够提高企业价值的唯一手段就是产生实际正净现值的项目，而不论这些投资项目是通过债务还是权益来获得，即融资决策并不能进一步增加公司的价值。按照这个逻辑，运用衍生金融工具对冲风险与公司价值无关。因为股东可以和公司管理层一样实施汇率、利率和商品价格的风险管理，甚至可以通过投资组合的分散投资取得更好的风险管理结果，而且众多的股东们有着显著的风险偏好差异，这些偏好无法在公司层面的套期中得到解决，只能通过各自的套期行为来满足。

尽管无关论为公司运用衍生金融工具对冲风险与公司价值之间的关系给出了合理的理论解释，然而实证研究表明作为 MM 理论基础的完全资本市场在现实中并不存在。因此，无关论的理论在现实的市场中并没有得到支持。

（二）有关论

公司价值为预期未来净现金流量总额和按包含风险的资本成本折现的现值。公司运用衍生金融工具若能够对预期未来现金流量或包含风险的资本成本产生影响，那么进而就会对公司价值产生影响。基于这两条思路，学者们进行大量理论研究。

1. 衍生金融工具运用对现金流量波动性的影响

大多数的学者认为衍生金融工具本身并不具有价值，衍生金融工具运用对公司价值的影响是通过降低公司现金流量的波动性实现的。

这方面研究的核心问题是，所有的理论都是建立在 Modigliani 和 Miller（1958）所假定的条件在某种程度上不成立。学者们从各种违反 MM 理论假设条件的情况出发，研究了对冲能够为公司创造价值的条件。主要理由都是由于资本市场的不完全性增加了股东的风险分散成本，公司通过风险管理可以在整个公司的层面增加股东价值。运用衍生金融工具降低现金流量波动性的财务效应则来自其减少市场的各种摩擦成本，如税收支出、财务困境、融资约束、代理成本，以及缓解市场的不完备性。

Main（1983）、Smith 和 Stulz（1985）指出由于公司税负函数的凸性，对冲可以有效降低公司的预期税负；Ross（1997）、Leland（1998）、Stulz（1996）则从改变公司资本结构、增加公司财务杠杆比率方面，阐述了对冲为公司创造价值的作用；Smith 和 Stulz（1985），Mayers 和 Smith（1990），Nance、Smith 和 Smithson（1993），Greczy、Minton 和 Schrand（1997）等研究了公司如何通过对冲降低陷入财务困境或者破产的概率，从而减少破产成本或财务困境成本并增加公司价值；DeMarzo 和 Duffie（1995）、Breeden

和 Vishwanathan（1998）则认为管理层通过对冲公司现金流量中无法控制的因素（如汇率、利率变动等宏观因素），也就是说消除收入作为传导管理层能力的信号中的"噪音"，使得股东对管理层为公司创造利润能力的判断更为准确；Mayers 和 Smith（1987），Lessard（1990），Bessembinder（1991），Froot、Scharfstein 和 Stein（1993）的研究表明，对冲能够帮助公司进行投资决策，避免在负债条件下放弃正净现值项目（under investment）或者是投资于高风险负净现值项目的情况发生。

（1）衍生金融工具运用与税收成本

当公司边际税率随着应税收益的增加而增加时，税收曲线为凸状，如果公司收益面临的是凸状税收曲线，运用衍生金融工具套期保值可以减少税前收益的波动性，进而增加公司价值（Main，1983）。

Smith 和 Stulz（1985）在此基础上，提出如果公司的有效边际税率是公司税前价值的增函数，那么公司的税后价值则是税前价值的凹函数。在对冲成本很小的时候，公司通过对冲降低税前价值的波动性后，公司的预期税负便会减少，而预期税后价值会得到提高。

Smith 和 Stulz（1985）采用了一个简单的状态选择（sate-preference）模型来说明对冲对公司税后现金流净现值的影响。模型假定有 s 种状态存在，第 i 种状态下公司的税前价值为 V_i，且若 $i \leqslant j$，则 $V_i \leqslant V_j$。设 P_i 为状态 i 下的 1 美元在今天的价格，$T(V_i)$ 为税前价值为 V_i 时的税率。在没有负债的情况下，公司的税后价值 $V(0)$ 由式（1−1）决定：

$$V(0) = \sum_{i=1}^{s} P_i [V_i - T(V_i)V_i] \qquad (1-1)$$

在有负债的情况下，公司的税后价值 V（0）由式（1-2）决定：

$$V^H(0) - V(0) = P_j[T(V_j)V_j - T(V_j + H_j)(V_j + H_j)] +$$
$$P_k[T(V_k)V_k - T(V_k + H_k)(V_k + H_k)] > 0 \qquad (1-2)$$

如果存在两种状态 j 和 k，且 $V_j \le V_k$，那么运用衍生金融工具套期保值能够增加公司价值。假定公司采取对冲策略使得 $V_j + H_j = V_k + H_k$，$P_jH_j + P_kH_k = 0$（自融资）。设 V^H（0）为对冲公司的价值，则根据凹函数定义，不等式成立。因此，史密斯和斯图尔兹得出结论：无成本的对冲增加了公司价值。这个分析还表明公司采取不完全对冲，或者当对冲需要成本且对冲的成本小于 V^H（0）－ V（0）时，同样都能增加公司价值。

（2）衍生金融工具运用与财务困境成本

当公司无法履行对债权人的承诺或履行承诺有困难时，就会陷入财务困境，财务困境有时仅仅是让公司如履薄冰，有时会导致公司破产。财务困境和破产都是有成本的，这种成本会直接影响公司的价值。财务困境和破产成本取决于公司陷入财务困境或破产的可能性以及财务困境或破产发生后的成本。Smith、Stulz（1985），Mayers、Smith（1990），Nance、Smith、Smithson（1993），Geczy、Minton、Schrand（1997）等的研究表明，公司通过对冲，可以降低陷入财务困境或者破产的概率，由此减少破产成本或财务困境成本，并最终增加公司价值。Stulz（1996）、Ross（1997）和 Leland（1998）的研究表明，通过降低收入的波动性或者降低公司陷入破产困境的可能性，对冲能提高公司的举债能力，进而增加公司的税收收益，也可以增加公司价值。

（3）衍生金融工具运用与融资成本

Bessembinder（1991）认为因为资本市场的不完全性，随着融资量的增加，边际外部融资成本上升，此时的最佳投资量与无融资成本的最佳投资量差距加大，即产生投资不足现象。投资不足越严重，对企业价值的负面影响就越大，而参与衍生品套期保值交易减少了企业现金流量的波动性，从而增加了企业现金流量的预期值，对提高企业内外部融资的能力都有正面作用，这就使得企业投资不足问题得到缓解。

Froot 等（1993）提出，如果资本市场的非完备性使得外部融资比内部融资更为昂贵，对冲就会为公司创造价值。其基本逻辑如下：假若公司不采取对冲，公司内部资产产生的现金流量就会存在波动性。内部现金流量的波动性会导致下列两种情况之一发生或者二者同时发生：公司外部融资数量的变化或公司投资数量的变化。由于投资边际回报率递减（如产出是投资的凹函数），公司投资的变化通常是不合意的。若外部融资是完全弹性的，当内部现金流量发生变化时，最佳解决方法是保持投资计划不变，根据内部融资的波动性更改外部融资计划，但外部融资的边际成本是递增的。因此，内部现金流量的波动性从投资及融资两个方面给公司带来损失。反过来看，对冲就能够降低内部现金流量的波动性，增加公司价值。

（4）衍生金融工具运用与代理成本

对于衍生金融工具运用对代理成本的影响有两种观点：信息不对称理论认为管理层比股东具有更大的信息优势，因此股东希望降低公司现金流量的波动性以掌握公司内部信息，运用衍生金融工具降低现金流量波动性会提高公司价值；管理层自利论认为公司使用衍生产品使管理层个人财富最大化，但会降低公司价值。因为管理人员运用衍生产品进行风险管理是为了减少昂贵的外部融资，这样由于规避了外部监督而加深了管理层与股东之间的代理冲突。

2. 衍生金融工具运用与现金流量增量

Adam 和 Fernando（2006）对传统的风险管理研究成果提出质疑，他们通过对北美 92 家金矿采掘公司 1989～1999 年运用衍生金融工具与公司价值情况的研究发现，衍生金融工具运用对公司价值的影响与风险的变化关系甚微，而与现金流量增量显著正相关，而且现金流量的增加不是由选择性套期（投机）导致的，而是由于风险溢价的存在。从而从另一个角度解释了衍生金融工具运用与公司价值的关系。

三　运用衍生金融工具的风险管理策略

由于衍生金融工具的衍生性、杠杆性和复杂性，公司运用衍生金融工具无论是套期保值还是投机获利，都会面临一定的风险。这种风险若能控制在公司可以接受的范围内就可使公司获得风险溢价的收益，若超出了公司可以接受的范围就会使公司面临危机甚至破产。因此必须对上市公司衍生金融工具运用进行风险管理。

风险管理可视为由三种不同的要素组成的一个流程。这三个要素为优势管理、劣势管理和不确定性管理（普华永道会计师事务所，2007）。优势管理是指管理层相信组织在某些领域具有优势，这些优势提高了成功的可能性，因而可通过承担这些领域的风险来获利并创造机会；劣势管理是指管理层认为组织在某些领域不具备必要的技能、信息或其他方面的优势，这些问题可能会导致受到损失或其他不利的结果，因而需要预防或减少在这些领域的风险；风险不确定性管理是指运用组织已有的管理技能，改善组织的业绩表现。根据国际清算银行（The Bank for International Settlements, BIS）的定义，风险管理的过程分为四个环节：风险识别、风险度量、风险评级及报告、风险控制和管理。

现有的风险管理文献大多针对金融企业的风险管理，而研究非金融公司风险管理的文献较少，主要集中在风险识别、风险报告及风险监管方面。

（一）风险识别

风险识别是根据风险的来源把风险归类为市场风险、信用风险、操作风险和流动性风险、模型风险、法规风险等其他风险。风险识别是风险管理的前提，关于衍生金融工具风险的来源，学者们进行了有益的探索。

G30 的全球衍生产品研究小组（Global Derivative Study Group）认为，衍生市场为风险管理提供了新的途径，它所涉及的风险种类和传统金融产品相同，包括市场风险、信用风险、法律风险和操作风险。

1994 年 7 月 26 日，国际证券事务委员会及巴塞尔委员会发表了一份联合报告，对衍生金融工具涉及的风险做了权威性论述，认为衍生金融工具主要涉及六种风险，分别是市场风险、信用风险、流动性风险、操作风险、结算风险和法律风险。

美国审计总署在应国会要求提供的报告中指出，信用风险、市场风险、法律风险和操作风险在多数金融活动中普遍存在，但衍生交易带来的风险更加特殊且难以管理。

陈忠阳（2001）认为衍生金融工具并没有带来新的风险，其风险构成仍是信用风险、市场风险、流动性风险、操作风险、法律风险等。尽管没有新的风险因素，但由于技术和通信的迅速发展，日益复杂的金融工程技术使得衍生金融工具的复杂性、多样性以及交易量日益增加。衍生金融工具具有的杠杆效应，使衍生金融工具交易具有更大的风险性，尤其是市场风险在衍生金融工具交易中表现出一种特殊的形式。这些因素都使得衍生金融工具的风险变得越来越复杂，难以被投资者充分理解和掌握，进而对风险管理提出了新的挑战。

陈欣（2006）认为与传统金融工具相比，衍生金融工具创新风险更为复杂，在中国体现为流动性风险、信用风险、市场风险、法律风险、操作风险和系统风险。

杨昕（2006）根据所涉及的领域将衍生金融工具的风险分为以下四类：法律风险、金融风险、经营风险和会计风险。其中，会计风险包括会计信息风险和会计管理风险，会计风险是指会计信息和会计管理的不确定性，给企业、投资者、债权人或其他相关利益集团带来损失的可能性。

宋晋芳（2007）认为衍生金融工具除主要涉及市场风险、信用风险、流动性风险、操作风险、结算风险和法律风险六种风险以外，还有模型风险、会计风险、税收风险、道德风险、系统风险等。并按风险是否可以计量将上述衍生金融工具风险分为三类：可计量的风险、不可计量的风险、其他风险。

刘文国（2008）重点阐述了衍生金融工具的会计风险，认为大多数衍生金融工具为表外业务，无法在财务报表中加以确认和计量，这导致衍生金融工具存在计量风险，由于会计计量属性，会计难以全面披露衍生金融工具的风险，由此讨论如何规避由于运用衍生金融工具而导致的会计风险的方法和措施。

刘红霞（2009）认为金融期货、金融期权、金融互换和远期合约是基本衍生金融工具，市场风险、信用风险和流动风险是中国衍生金融工具在交易过程中体现的基本风险。由于衍生金融工具创新所表现的各种风险最终将体现为财务风险，中国衍生金融工具创新财务风险点的把握主要应关注金融期货、金融期权、金融互换和远期合约所反映的市场风险、信用风险和流动风险。

张红梅、胡珑瑛（2009）认为由于衍生金融工具具有规避价格变动风险、套期保值、获得可观的投机收益等优势，它的数量和品种得到极大的发展。衍生金融工具对经济的杠杆效应，推动经济发展的同时也带来了巨大的风险。结合最近 20 年间衍生金融工具交易的典型案例，其归纳出政治、法律、市场、信用、营运、流动性因素是对衍生金融工具产生影响的六大主要风险因素。

上述研究表明：第一，衍生金融工具与传统的金融工具所具有的风险并无本质的差异，但是会计风险、财务风险值得关注；第二，与传统的金融工具相比，由于衍生金融工具的创新性、复杂性和杠杆性，其风险管理更为困难。

（二）风险评级与报告

对公司运用衍生金融工具的风险进行评级和报告，既可以为投资者制定投资决策提供参考，也可以为监管部门制定监管措施提供依据。从财务的视角对衍生金融工具运用的风险报告研究主要集中在会计确认、计量和披露三个方面。

早期的研究集中在衍生金融工具是否符合会计要素的定义、能否在会计报表中进行确认以及衍生金融工具的特殊性对传统历史成本计量模式的冲击方面（葛家澍、陈箭深，1995；刘峰，1996；徐经长，1998；陆德民，1996；等等）。但随着衍生金融市场发展，衍生金融工具带给投资者的要么是巨大的利润，要么是巨大的亏损，如此重大的影响仅仅在报表附注中说明，显然不符合财务会计"重要性原则"的要求。将衍生金融工具由表外"游荡"转为表内"确认"是一种必然（国际会计准则；美国会计准则；刘静，

2005；等等）。对于衍生金融工具的计量属性，从对历史成本的冲击到对公允价值的推崇，再到混合计量模式的调和，也逐渐形成了较为一致的观点。

大量理论与实证研究表明，通过会计报告对外披露运用衍生金融工具套期保值的信息，投资者可以排除短期风险的影响，从而能够更容易地从公司核心价值创造的活动分辨经营业绩，有利于提高公司价值（DeMarzo and Duffie，1995）。因此，如何及时准确地披露衍生金融工具及其风险，使会计信息更具有用性成为研究的热点。各个会计与金融组织针对衍生金融工具的披露出台了一系列的规范文件。

1. 国际会计准则委员会相关准则

自20世纪80年代以来国际会计准则委员会和以美国为代表的一些国家的财务会计准则委员会开始着手研究衍生金融工具会计准则的制定问题。国际会计准则委员会于1997年发布了研究报告——《金融资产和金融负债会计的讨论报告》，并发布了一些相关的会计准则，包括《IAS32——金融工具：披露与列报》（1995年发布，1998年修订）以及《IAS39——金融工具：确认与计量》（1998年发布）。国际会计准则委员会同美国证券交易委员会（SEC）、财务会计准则委员会等准则制定机构不遗余力地推行金融工具的公允价值计量模式。国际会计准则委员会和13国准则制定机构共同努力而制定的联合工作组（JWG）金融工具综合征求意见稿《准则草案和结论基础，金融工具和类似项目》已经向单一的公允价值计量模式迈进。

2. 美国财务会计准则委员会相关准则

美国财务会计准则委员会在1991年就发布了专门的研究报告——《讨论备忘录：与工具确认和计量相关问题的讨论》，对金融工具的确认和计量问题进行了较为全面的说明。在此前后，美国财务会计准则委员会发布的涉及金融工具的会计准则还有《SFAS105——有表外风险和信用集中风险的金融工具的披露》（1990）、《SFAS107——金融工具公允价值的披露》（1991）、《SFAS115——某些债权性及权益性证券的会计处理》（1993）、《SFAS125——金融资产的转移与服务以及债务消亡的会计处理》（1996）。与国际会计准则委员会所颁布的会计准则有所不同，美国财务会计准则委员会还颁布了一系列针对衍生金融工具的会计准则，包括《SFAS119——对衍生金融工具以及金融工具公允价值的披露》（1996）、《SFAS133——衍生工具和套期行为的会计处理》（1998）以及《SFAS138——衍生金融工具和某些套期行为的会计处理》（2000）。此外，2000 年发布的第 7 号财务概念公告——《在会计计量中运用现金流信息和现值》也与衍生金融工具的计量问题有关。

3. 中国会计准则的相关规范

中国对衍生金融工具会计准则的制定也取得了丰硕成果。财政部于 1999 年开始组织进行相关的会计准则基础研究，并于 2006 年 2 月正式颁布了《企业会计准则第 22 号——金融工具确认》、《企业会计准则第 23 号——金融资产转移》、《企业会计准则第 24 号——套期保值》和《企业会计准则第 37 号——金融工具列报》四项准则。

中国最新颁布的会计准则比原有准则在金融工具的确认和计量、金融工具的列报、套期保值等方面有了很大的改进，与国际准则基本趋同，规范了企业使用金融工具的会计处理，能及时、有效地披露金融工具风险，从而提高会计信息质量和保护投资者利益。为了更好地规范衍生金融工具的使用，财政部于 2017 年对《企业会计准则第 22 号——金融工具确认》进行了修正。要求在境内外同时上市的企业以及在境外上市并采用国际财务报告准则或企业会计准则编制财务报告的企业，自 2018 年 1 月 1 日起施行；其他境内上市企业自 2019 年 1 月 1 日起施行；执行企业会计准则的非上市企业自 2021 年 1 月 1 日起施行。

4. 中国衍生金融工具会计信息披露存在的问题

尽管中国新会计准则在衍生金融工具风险报告方面取得了很大的进展，但是还存在一些问题。

杨雨宇和王海峰（2006）指出中国衍生金融工具的信息披露存在以下问题：一是关于衍生金融工具使用的目的、性质和范围等总体定性信息披露的表述不够标准；二是这些定性信息的披露位置不尽相同，有些在管理层讨论与分析中进行披露，有些则在财务报表附表中进行披露；三是定量信息的披露尚未形成标准的计量方法和格式，例如，对于交易目的，衍生金融工具市场风险的披露，有些采用敏感性分析法，有些则使用风险价值法（VaR 法），而且使用VaR 法的也存在期间设定、置信区间等参数上的不一致；四是定性信息和定量信息之间缺乏关联性，损害了衍生金融工具信息的有用性；五是套期工具信息与被套期项目信息之间缺乏关联性。

陈远志和岳小迪（2008）对新企业会计准则对衍生金融工具披露规定做了详细的分析和比较，认为新规范存在如下实施障碍与主要问题：第一，新准则规定对衍生金融工具要以公允价值计量，但具体处理细节上仍有不明确的地方，会计准则配套措施有待完善；第二，中国新企业会计准则对金融工具终止确认采用风险与报酬分析法，判断标准具有一定的主观性，对于金融资产是否应该终止确认没有一个明确的标准；第三，公允价值计量的不确定性及变动性使其难以满足会计信息可靠性的质量要求；第四，中国大部分财务人员缺乏对衍生金融工具进行会计处理的知识或经验，财务人员队伍整体素质有待提高；第五，中国金融体制不健全、资本市场不成熟，整体市场环境欠佳。

黄益平（2009）通过比较各组织对衍生金融工具披露的规定，认为中国衍生金融工具信息披露的有关准则基本实现了与国际会计准则的趋同，但仍然存在可以改善的空间。认为中国衍生金融工具信息披露规范体系存在的问题主要包括：第一，缺乏一套完整、有层次、可操作性强的规范体系，准则和其他补充规范之间缺乏协调性和互补性，甚至存在重复；第二，就衍生金融工具披露的有关准则来说，基本实现了与国际会计准则的趋同，但在公允价值披露、风险管理披露方面仍然存在需要改善的地方。

陈少华、李盈璇（2013）对 2007 年这一特殊时期中国上市公司持有衍生金融工具面临的风险进行分析，然后对上市公司 2007 年财务报告中有关衍生金融工具的信息披露内容进行整理，通过比较衍生金融工具风险与衍生金融工具风险的信息披露内容，发现目前上市公司衍生金融工具风险信息披露主要停留在揭示阶段，有关风险的信息披露不足，认为衍生金融工具体现出比传统金融工具更大的风险，而公司的信息披露是信息使用者的主要信息来源，因此信息披露应发挥其在风险估计和预测方面的作用，并从披露原则和披露内容两方面对上市公司衍生金融工具的信息披露提出了建议。

（三）风险的控制与管理

风险控制和管理是采用一系列的商务决策，对风险限额进行选择和权衡，确定可承担的风险头寸，对各类风险进行管理和控制。针对中国的实际情况，学者们对衍生金融工具的风险管理策略进行了探讨，对现有文献进行归纳，认为衍生金融工具的风险管理策略主要包括以下几个方面。

1. 建立预警系统

财务预警集预测、警示、报警等功能于一体，是一种风险控制机制。一个管理水平较高和发展成熟的公司应该建立一个完备、有效的财务预警制度，并对不同的风险程度设定不同的财务预警信号。

现有文献对衍生金融工具的风险预警模型主要是针对金融公司。美国金融风险预警 CAMEL 模型是目前国际上常用的分析银行部门稳定性的工具，它给出了影响银行体系稳定性的五个指标：资本充足率、资产质量、管理的稳健性、收益状况和流动性状况。新的 CAMELS 评级系统重新调整了一些评级项目，新增了"S"即市场风险敏感性指标。德国预警指标体现在资本充足和资本流动等方面。英国将资本充足性、外汇持有风险及资产流动性的测定作为其财务预警指标。中国银行监管当局对银行业风险的财务预警指标有六大类，包括流动充足性、资产安全性、资本充足性、收益合理性、管理稳健性、经营合规性。在理论研究方面，学者们大多根据金融风险一般分类，分别设计反映信用风险、流动性风险、市场风险、利率风险等指标体系（贺晓波、张宇红，2001；董小君，2004），用于监测金融工具交易过程中的各种风险。

由于公司参与国际竞争的程度日益加深，越来越多的非金融公司参与衍生金融工具的运用。与金融公司相比，非金融公司对衍生金融工具的认识与运用都处于初级阶段，因此如何有效利用预警体系防范非金融公司的风险引起越来越多学者的关注。国内许多学者也意识到对衍生金融工具风险进行预警的重要性，并对此展开研究。

江百灵（2009）等学者对衍生金融工具风险预警模型的种类、

过程、优缺点进行了说明，但是由于数据的局限并没有建立具体的风险预警模型。黄颖利（2005）设计了由指标体系、数据处理、预警状态和风险对策四个模块组成的预警分析系统。针对衍生金融工具存在的巨大风险及其风险的复杂性与非线性，采用三层过程神经网络对衍生金融工具的风险建立预警模型。刘红霞（2009）认为金融监管的重要手段之一是借助财务风险测评指标体系及模型，建立事前风险管理机制。具体而言，就是借助完善的衍生金融工具风险监测指标体系，及时评价和分析现时风险状况；通过建立风险监管模型，对衍生金融工具创新风险进行动态预测，从而做出相应的风险规避决策。并进一步结合中国衍生金融工具的实际状况提出应构建以单变量和指数为主的预警模型。

2. 完善会计准则

陈引、许永斌（2003）在《衍生金融工具风险与会计对策》一书中从风险管理的角度研究了衍生金融工具的会计问题。作者在文中强调，加强衍生金融工具风险管理必然要对企业经济业务所表现的资金及其运动进行反映，与监督的会计信息系统产生紧密的联系。作者在讨论衍生金融工具的确认、计量和披露等问题时引入了风险管理的观点，提出了衍生金融工具会计风险管理的理念。

袁皓（2005）认为，衍生金融工具会计监管的核心在于通过对衍生业务信息生成和报告的控制，保证企业能够正确反映、相关利益者能够及时获得衍生业务对企业业绩和风险状况的影响。这样一种监管方法与衍生工具的其他金融监管方法有重要区别，从而也使会计监管具有相对的独立性。

韩传模、王桂姿（2007）认为，中国衍生金融工具交易的发展加大了金融市场的风险，迫切需要运用会计核算技术对衍生金融工具的风险进行监控。通过会计准则的制定和完善，可以实现国家对企业衍生金融工具业务在会计视角下进行标准化的风险信息监控和汇总，在衍生金融工具会计监控技术体系方面实现衍生金融工具内部控制制度的有效化，在风险管理策略方面实现风险的识别、计量、监控的具体化，达到对衍生金融工具风险管理实时化、风险分析数量化、会计信息揭露透明化、风险管理部门独立化，构建中国会计视角下衍生金融工具的风险监控体制，以使中国企业提高自身的避险和竞争能力。

高苗苗（2015）的研究表明，衍生金融工具会计准则会对债务合约、薪酬合约、市场反应、管制等产生影响，从而直接或间接地影响管理层决策以及企业行为，不合适的准则规定会严重阻碍衍生品市场功能的发挥。建议中国应尽快完成套期保值会计准则的国际趋同、评估期货公司可能受到的影响、强化期货及其他衍生品的信息披露，从而优化金融市场环境，提高企业估值水平。

郑明川、徐翠萍（2002）在《衍生金融工具风险信息的 VaR 披露模式》一文中指出适当而有效地披露衍生金融工具的风险，是准则制定者、金融监管者和广大投资者关注的焦点。该文提出将 VaR 披露纳入中国衍生金融工具披露模式的设想。

李艳、朱琪（2006）通过实证研究表明，衍生金融工具应采用实时报告的模式，尤其应使用 VaR 模型对复杂的金融资产组合进风险测量管理。

张国永（2009）基于前人关于财务报表本原逻辑关系瓦解的研究，结合衍生金融工具及未来可能出现的新会计项目对财务报表衍生金融工具的表内披露本原逻辑关系的影响，提出应对现有的资产负债表和利润表进行重构，将衍生金融工具作为一个重要的会计项目纳入资产负债表，并将全面收益的观念纳入利润表。在表外披露方面，指出 VaR 是未来衍生金融工具表外披露的重要方面。

3. 加强内部控制

衍生金融工具的风险控制机制包括两个部分：一是组织自身建立的内部控制和风险管理体系，即内部风险控制机制；二是由监管部门以及交易所、会计师事务所等外部主体实施的监督，即外部风险控制。这两者相辅相成，共同构成了衍生金融工具业务的风险防范与应对体系。然而，相比之下，组织内部的控制机制更为关键（李明辉，2008）。李明辉认为建立并维持有效的内部控制是实现衍生金融工具风险管理目标的重要手段。文章在对中国衍生金融工具内部控制的现状进行分析的基础上，借鉴国外经验，提出中国应从建立良好的内部控制环境，建立面向衍生金融工具业务的风险识别、评估与应对的政策和程序，开展针对衍生金融工具业务并与交易紧密结合的控制活动，加强企业内外的信息与沟通，在加强对衍生金融工具内部控制的监督方面建立和完善内部控制机制，以有效管理衍生金融工具风险。

林波、吴益兵（2008）针对法国兴业银行由于交易员在股指期货操作上的欺诈行为而产生了 49 亿欧元（约合 71.4 亿美元）损失的案例，从客观和主观两个层面进行具体分析，说明内部控制在防范衍生金融工具风险方面的重要作用。文章在吸取经验的基础上构建了衍生金融工具内部控制框架，提出在衍生金融工具的运用中应做好以下工作：首先，建立风险决策机制和内部监管制度；其次，加强内部控制，严格执行交易程序，操作权、结算权、监督权分开，有严格、层次分明的业务授权，加大对越权交易的处罚力度；再次，设立专门的风险管理部门，通过风险价值法和压力试验法对交易进行录入、确认和评价，防范在衍生金融工具操作过程中的信用风险、市场风险、流动性风险、结算风险等。

4. 完善监管模式

衍生金融工具风险管理的内容包括衍生金融工具风险的宏观管理和微观管理两个方面。对衍生金融工具风险的宏观管理具体包括国内监管和国际监管两个方面。衍生金融工具风险的国内监管应由政府监管、行业自律和交易所自我管理三级管理体系组成。交易所的自我管理是整个市场监管的核心，它为行业管理和政府监管提供了可靠的基础，对保护市场的竞争性、公正性、高效性和流动性起着极其重要的作用。衍生金融工具风险的微观管理主要由从事衍生金融交易的具体机构实施。应构筑由董事会、高层管理部门和风险管理部门组成的风险管理系统，制定和完善合理的业务风险管理制度，实施全面的内部控制和内部审计。

任辉（2007）认为建立一个良好、全方位的监管体系是中国衍生金融工具及其市场健康发展的先决条件。构建一个完善的衍生金融工具监管体系应包含以下几个方面：一是严格的市场准入监管制度；二是健全的风险管理机制；三是强而有力的交易方（包括金融机构和企业）内部监管制度；四是规范、统一的交易所系统内部监管制度；五是以人民银行为领导，相互协调的分业监管制度；六是有效的国际合作监管体系。

江百灵（2009）认为中国应建立由政府监管、行业自律和交易所自我管理的三级监管模式。但同时指出中国混业经营的广度与深度不够，金融衍生品交易的规模偏小，目前实行分业监管制度仍有一定的必要性，比较现实的选择是加强不同监管机构之间的协调合作，并从人民银行、银监会、保监会和证监会中抽调相关人员组成一个独立的金融衍生品监管委员会，常设机构设在证监会，专门负责衍生品的监督管理。这样既能充分利用监管资源，提高监管效率，避免监管重复或监管缺位，又坚持了中国金融监管体制的改革方向。

谭遥（2011）认为应构建衍生金融工具会计监管体系，促进衍生金融工具市场的稳健发展。衍生金融工具会计监管体系是在对会计监管本质认识的基础上，涉及监管主体与客体之间、不同监管主体之间、监管主体与其他相关组织之间、监管客体与其他组织之间的关系定位与安排，是广义的制度安排，也是有效会计监管的具体化。其会计监管体系的内容主要有三个方面：第一，确定会计监管的主要目标；第二，理顺会计监管要素的内在关系；第三，选择会计监管体系的主要模式。

四 总结与启示

关于衍生金融工具的运用动因，由于公司的风险偏好不同，公司运用衍生金融工具的动因也各不相同，大体上可以分为两类：规避风险动因和投机获利动因。从理论上说，无论是通过运用衍生金融工具降低风险（套期保值）来提高企业价值，还是通过追求超额利润（投机获利）来提高企业价值，本质上是一样的。研究表明在实践中，尽管大多数公司运用衍生金融工具是为了规避企业运营过程中遇到的各种风险，但也有一部分公司在利用自身信息优势、运用衍生金融工具对未来交易的判断中获取超额利润。过度的投机固然会给公司带来巨大的风险，但是对投机片面地进行道德批判也是非理性的。因此，判断公司运用衍生金融工具的动因是套期保值规避风险还是主动承担风险投机获利，并不是要进行片面的道德评判，而是针对不同的动因制定更加完善的风险管理策略，有效保证公司的运营安全，保护投资者的合法权益。

关于衍生金融工具的运用效应，衍生金融工具的运用动因不同，对公司价值的影响方向、影响程度和作用机理也有所差异。实证研究结果表明绝大多数公司运用衍生金融工具是由于其风险厌恶的特性，因此研究衍生金融工具运用对公司价值的影响主要围绕风险对冲对公司价值的影响展开，并提出了各种运用衍生金融工具对冲风险以增加公司价值的途径，其中主要是通过增强市场的完美性以及影响投资决策来增加公司价值。但遗憾的是现有的实证研究并没有得出一致性的结论。一方面，衍生金融工具数据的匮乏导致实证检验不成功；另一方面，不论是对衍生金融工具对冲行为的界定还是量化，在实证分析中均难以确定。

关于衍生金融工具的风险管理策略，针对中国的制度背景和市场环境，现有文献从不同的角度提出了衍生金融工具的风险管理策略，对防范衍生金融工具风险进行了有益的探索。但从现有文献对衍生金融工具风险策略的研究也不难看出：第一，现有的风险管理策略，大多只是"应建立风险预警体系"、"应加强内部控制制度"、"应完善会计准则"和"应完善监管模式"等粗线条的描述，而缺乏深入、细致、操作性强的策略；第二，有的风险管理策略大多是根据某一具体案例、针对某一特定问题而提出的，针对性强但普遍适用性较差；第三，现有的风险管理策略比较零散、缺乏统一的体系，没有形成分工明确、相互协调的整体策略。

综上，现有研究成果的不足主要包括两个方面。第一，研究对象所处的政治、经济背景方面。对衍生金融工具运用动因、运用效应的研究绝大多数都是以西方发达国家为背景进行的，这些发达国家有着成熟的金融体系和完善的法律环境，而中国正处于经济转型期，新的企业会计准则刚刚颁布并处于逐步完善阶段，公司治理机制尚不完善，针对西方背景得出的研究结论在中国的适用性值得商榷。第二，研究结论方面。现有研究特别是衍生金融工具运用效应的研究并没有形成一致的意见，而且现有的文献主要把注意力放在了公司为什么要运用衍生金融工具进行风险管理，以及对冲风险的程度有多大。事实上，中国公司实务界可能更加关心运用衍生金融工具能否降低风险，进而提高公司价值这一根本问题。现有成果的研究不足正是本书的研究重点，针对中国的制度背景与市场环境，借用西方的分析思路，研究中国相关公司运用衍生金融工具的风险管理行为，具有更为重要的现实意义。

第二章
衍生金融工具的含义及理论基础

一　基本含义

（一）衍生金融工具的定义

衍生金融工具，又称为金融衍生工具、衍生金融产品、金融衍生产品、金融衍生品、金融派生品等，它是 20 世纪七八十年代金融创新的重要组成部分。对衍生金融工具的定义大致可分为两类：一类是从金融学的视角根据不同的研究对象做出的概念性描述；另一类是从会计学的视角对研究对象采用限定特征要素的方法进行定义。

1. 金融学视角的衍生金融工具定义

美国的雷蒙德·W. 戈德史密斯在《金融结构与金融发展》中指出，金融工具是对其他经济单位的债权凭证和所有权凭证。美国经济学家弗兰克·J. 法博齐在《资本市场：机构与工具》（1998）一书中指出："一些合同给予合同持有者某种义务或对一种金融资产进行买卖的选择权。这些合同的价值由其交易的金融资产的价格决定，相应的，这些合约被称为衍生工具（Derivatives）。衍生工具包括期权合同、期货合同、远期合同、互换协议、上限和下限协议等。"

经济合作与发展组织（OECD）对衍生金融工具的定义是：一般地说，金融衍生交易是一份双边合约或支付交换协议，它们的价值是从基础资产或某种作为基础的利率或指数上衍生出来的。现今，衍生交易所依赖的基础包括利率、汇率、商品价格、股票价格及其他指数，"衍生工具"一词被用来概括上述衍生工具，包括有选择权的债务工具以及其他拆开工具，如拆开本金与利息而产生的债务工具。

国际互换和衍生品协会（ISDA）在其发布的报告中对衍生金融工具的定义为：衍生金融工具是为交易者转移风险的双边合约，合约到期时，交易者所欠对方的金额由基础商品、证券或指数的价格决定。互换交易、远期交易、利率上限、利率下限等都由双方协议确定。期货和认股权证则是在交易所交易的标准衍生金融工具。

2004年2月4日中国银监会发布的于2004年3月1日正式施行的中国第一部关于衍生金融工具的专门法规《金融机构衍生产品交易业务管理暂行办法》对衍生金融工具的定义是："衍生产品是一种金融合约，其价值取决于一种或多种基础资产或指数，合约的基本种类包括远期、期货、掉期（互换）和期权。衍生产品还包括具有远期、期货、掉期（互换）和期权中一种或多种特征的结构化金融工具。"

从上述的定义中可以看出，衍生金融工具是一种信用合约，它是由一系列特定的具体安排和约定组成的，正是这一系列特定的具体安排和约定使得衍生金融工具不同于基础金融工具，这些特定的具体安排和约定构成了衍生金融工具的基本要素，主要包括标的物、期限、价格、合约单位、衍生方式和履约信用等。

2. 会计学视角的衍生金融工具定义

金融学对衍生金融工具的概念界定采用的是概念抽象法，形式上更符合逻辑学的要求，对各类衍生金融工具适用性强，但概念的外延界限较抽象模糊，并没有提出衍生金融工具界定的具体标准，因此在实际操作上存在很大困难。从金融学对衍生金融工具的定义中，我们还可以看出，衍生金融工具是基于未来合约的，但同时也形成了公司的金融资产和金融负债，因此应该将其列入企业的会计系统中进行确认、计量以及披露。而如何在会计信息中客观、准确地反映衍生金融工具的交易内容一直是国际会计界研究的重点与难点问题。这也促使国际会计界权威对衍生金融工具的定义进行更加明确的界定。

（1）国际会计准则

国际会计准则委员会在国际会计准则 IAS32 中对衍生金融工具做出了明确定义，指出金融工具是形成一个企业金融资产并形成另一个企业金融负债或权益性工具的合同，而衍生金融工具则是具有以下特征的金融工具：一是其价值随特定利率、证券价格、商品价格、汇率、价格或利率指数、信用等级或信用指数、类似变量（有时成为"标的"）的变动而变动；二是不要求初始净投资，或与对市场条件变动具有类似反应的其他类型合同相比，要求较少净投资；三是在未来日期结算。

（2）美国财务会计准则

美国财务会计准则公告 SFAS133 号认为，一项金融工具可定义为现金、一个主体权益的证据或者是一项合同，要求一个主体承担下列约定的义务：交付现金或其他金融工具给另一个主体，或在潜在不利的情况下与另一个主体交换其他金融工具；给予另一个主体约定的权利，从前述主体收取现金或其他金融工具，或在潜在有利的情况下与前述主体交换其他金融工具。

同时，美国财务会计准则委员会在 SFAS133 中根据衍生金融工具的特征，通过描述衍生金融工具的三个重要特性，对其做出了定义：一是有一个或多个标的，且有一个或多个名义数额或支付条款或两者兼备。这些条款决定结算的数额，以及在某些情况下是否需要结算；二是不要求初始净投资，或与有类似市场效应的合同相比，所需的初始净投资较少；三是其条款要求或允许净额结算，或可通过合同规定以外的方式净额结算，或其交割资产的方式使得资产接受方的结算后果类似于净额结算。

（3）中国会计准则

我国财政部于 2006 年 2 月 15 日颁布了 38 项企业会计具体准则，其中第 22 号准则专门对金融工具确认和计量进行了规定。为了适应中国特色社会主义经济发展需要，规范金融工具的会计处理，提高会计信息质量，根据《企业会计准则——基本准则》，财政部于 2017 年对《企业会计准则第 22 号——金融工具确认和计量》进行了修订。

新修订的准则规定："金融工具，是指形成一方的金融资产并形成其他方的金融负债或权益工具的合同。"从广泛意义上说，金融工具分为原生金融工具和衍生金融工具，其中原生金融工具是在实际信用活动中出具的能证明债权债务关系或所有权关系的合法凭证，主要有商业票据、债券等债权债务凭证和股票、基金等所有权凭证。原生金融工具是金融市场上使用最广泛的工具，也是衍生金融工具赖以生存的基础。"衍生工具，是指属于本准则范围并同时具备下列特征的金融工具或其他合同：（一）其价值随特定利率、金融工具价格、商品价格、汇率、价格指数、费率指数、信用等级、信用指数或其他变量的变动而变动，变量为非金融变量的，该变量不应与合同的任何一方存在特定关系。（二）不要求初始净投资，或者与对市场因素变化预期有类似反应的其他合同相比，要求较少的初始净投资。（三）在未来某一日期结算。常见的衍生工具包括远期合同、期货合同、互换合同和期权合同等。"

（二）衍生金融工具的分类

第一，根据衍生金融工具的产品形态和业务特点，衍生金融工具可划分为金融远期、金融期货、金融期权和金融互换。

金融远期是指规定合约双方同意在指定的未来日期按约定的价格买卖约定数量的相关资产或金融工具的合约，目前主要有远期外汇合同、远期利率协议等。金融远期合约通常在两个金融机构之间或金融机构与其客户之间签署，其交易一般也不在规范的交易所内进行，所以金融远期合约的交易一般规模较小、较为灵活，交易双方易于按各自的愿望对合约条件进行磋商。在远期合约的有效期内，合约的价值随相关资产市场价格或相关金融价值的波动而变化，合约的交割期越长，其投机性越强，风险也就越大。

金融期货是指规定交易双方在未来某一期间按约定价格交割特定商品或金融工具的标准化合约，目前主要有利率期货、外汇期货、债券期货、股票价格指数期货等。金融期货合约与金融远期合约十分相似，它也是交易双方按约定价格在未来某一期间完成特定资产交易行为的一种方式。但金融期货合约的交易是在有组织的交易所内完成的，合约的内容，如相关资产的种类、数量、价格、交割时间、交割地点等，都是标准化的。金融期货的收益决定与金融远期合约一致。

金融期权是指规定期权的买方有权在约定的时间或约定的时期

内，按照约定价格买进或卖出一定数量的某种相关资产或金融工具的权利，也可以根据需要放弃行使这一权利的合约，目前主要有外汇期权、外汇期货期权、利率期权、利率期货期权、债券期权、股票期权、股票价格指数期权等。为了取得这样一种权利，期权合约的买方必须向卖方支付一定数额的费用，即期权费。期权分为看涨期权和看跌期权两个基本类型。看涨期权的买方有权在某一确定的时间以确定的价格购买相关资产；看跌期权的买方则有权在某一确定的时间以确定的价格出售相关资产。

金融互换也称为"金融掉期"，是指交易双方约定在合约有效期内，以事先确定的名义本金额为依据，按约定的支付率（利率、股票指数收益率等）相互交换支付的合约，目前主要有外汇互换、利率互换、货币互换、债券互换、抵押贷款互换等。互换合约实质上可以分解为一系列远期合约组合。

第二，根据金融衍生产品的原生资产，大致可以分为四类，即股票类金融衍生产品、利率类金融衍生产品、汇率类金融衍生产品和商品类金融衍生产品。

股票类中又包括具体的股票和由股票组合形成的股票指数；利率类中又可分为以短期存款利率为代表的短期利率和以长期债券利率为代表的长期利率；汇率类中包括各种不同币种之间的比值；商品类中包括各类大宗实物商品。

第三，根据基础金融工具交易形式的不同划分，衍生金融工具包括风险收益对称型衍生金融工具和风险收益不对称型衍生金融工具。

风险收益对称型衍生金融工具是指衍生金融交易双方的风险收益对称，在将来某一日期都负有按一定条件进行交易的义务。风险收益不对称型衍生金融工具是指衍生金融交易双方风险收益不对称，合约购买方有权选择履行合约与否。

第四，根据衍生金融交易场所的不同，衍生金融工具可划分为场内交易的衍生金融工具和场外交易的衍生金融工具。

场内交易，又称"交易所交易"，指所有的供求方集中在交易所进行竞价交易的交易方式。在场内交易的金融衍生工具主要有期货和期权。场外交易指交易双方直接成为交易对手的交易方式。这种交易方式有许多形态，可以根据每个使用者的不同需求设计出不同内容的产品。同时，为了满足客户的具体要求，出售衍生产品的金融机构需要有高超的金融技术和风险管理能力。但是，由于每次交易的清算是由交易双方相互负责进行的，场外交易参与者仅限于信用程度高的客户。在场外交易的衍生金融工具主要有远期、期权和互换。互换交易和远期交易是具有代表性的柜台交易的衍生产品。

主要衍生金融工具的种类如表 2 - 1 所示。

（三）衍生金融工具的发展历程

1. 早期衍生金融工具的兴起

衍生金融工具，又称"派生金融工具"，是与原生金融工具相对应的一个概念，是在原生金融工具（如商品、债券、股票、外汇等即期交易工具）的基础上派生出来的，其价格决定于原生金融工具价格的金融创新形式。衍生金融工具的历史可以追溯到中世纪。《圣经·创世纪》有这样的记载：埃及法老召唤约瑟帮他解梦。法老在梦中见到 7 只肥牛和 7 束饱满的麦穗，以及 7 只瘦牛和 7 束枯萎的麦穗。约瑟告诉法老，此梦预示着埃及在 7 个丰年后将紧随 7 年的饥荒。法老问有何破解办法，约瑟提出的破解办法就是让埃及人在 7 年丰收之时"购买远期合约"以避免之后的 7 年饥荒，这就类似于现代的期货或远期合约。

表 2 - 1　衍生金融工具的种类

种类	分类	
金融期货	场内交易期货	利率期货
		外汇期货
		股票价格指数期货
	场外交易期货	远期利率或汇率期货
		利率或外币掉期
金融期权	场内交易期权	利率期权
		外汇期权
		股票价格指数期权
	场外交易期权	利率封顶期权
		利率保底期权
		特价利率期权
		互换期权
金融远期	远期外汇合同	
	远期利率协议	
	综合远期外汇协议	
金融互换	利率互换	
	货币互换	
	基础利率互换	
	货币利率交叉互换	

资料来源：笔者根据相关资料整理而成。

12 世纪，欧洲的法兰得斯商人开始使用商品远期交易合同，类似于现在的期货和期权交易的一些商业活动；在 16 世纪、17 世纪的日本大阪和阿姆斯特丹的大米、花卉市场也极为盛行；到了 19 世纪中叶，正式的商品期货交易所开始在芝加哥和纽约成立。

早期的衍生金融工具产生于商品市场，这是因为市场经济中的商品价格是由市场来决定的，而商品价格受供求关系等因素的影响不断发生变化，因此商品市场中便充满了价格风险，而这种风险本身又不能被消灭，当市场经济发展到一定阶段时，就需要一种分散风险、转移风险的机制，这样衍生金融工具交易就应运而生了。

2. 现代衍生金融工具的产生

西方国家以商品远期、商品期货为代表的衍生工具的自然演进过程经历了若干个世纪的时间，但这个阶段的衍生工具应用范围狭窄、交易品种稀少、市场规模极为有限。

20 世纪 70 年代以后，金融环境发生了很大的变化，利率、汇率和通货膨胀呈现极不稳定和高度易变的状况，使金融市场的价格风险大增。从汇率变动看，1973 年布雷顿森林体系崩溃后，以美元为中心的固定汇率制完全解体，西方主要国家纷纷实行浮动汇率制，加之 70 年代国际资本流动频繁，特别是欧洲美元和石油的冲击，使得外汇市场的汇率变动无常、大起大落。从利率变动看，60 年代末开始，西方国家的利率开始上升，70 年代的两次石油危机更是使国际金融市场的利率水平扶摇直上，把金融市场的投资者和借贷者暴露在高利率风险中。

汇率、利率以及相关股市价格的频繁变动，使企业、金融机构和个人迫切需要规避市场风险。为了降低基础工具的风险，真正现代意义上的衍生金融工具应运而生。1972 年 5 月 16 日，美国芝加哥商品交易所（CME）货币市场分部在国际外汇市场动荡不定的情况下，率先创办了国际货币市场（IMM），推出了英镑、加元、联邦德国马克、日元、瑞士法郎、墨西哥比索等货币期货合约，标志着第一代现代金融衍生产品的诞生。1973 年 4 月，芝加哥期权交易所（CBOE）正式推出股票期权。

1975 年，利率期货在芝加哥期货交易所（CBOT）问世。20 世纪 70 年代中期产生的第一代衍生产品在后布雷顿森林体系（即以汇率、利率频繁波动为特征的国际货币体系）时代得到了很大发展。这一时期的衍生工具主要是与货币、利率有关的金融期货、期权，在各自不同的期货与期权交易所市场内进行交易。

现代衍生金融工具的发展为基础金融工具的持有者提供了一种有效的对冲风险的手段，从而避免或减少由于汇率、利率的不利变动而给人们带来的预期收益的减少或成本的增加。在转移风险和价格发现上的作用也很明显，而且它在促进金融市场的稳定和发展、加快经济信息的传递、优化资源的合理配置、引导资金有效流动、提高国家金融宏观调控能力等方面都起到了积极而重要的作用。

3. 现代衍生金融工具的发展

进入 20 世纪 80 年代，美、英、日等发达国家不断放松金融管制，实行金融自由化措施，创造更为宽松的金融竞争环境，衍生金融工具获得了空前的发展。1981 年，美国所罗门兄弟公司成功地为美国商用机器公司（IBM）和世界银行进行了美元与联邦德国马克、瑞士法郎之间的货币互换。1982 年，股票价格指数期货也隆重登场。到 20 世纪 80 年代中期，已有美国、英国、德国、法国、荷兰、加拿大、澳大利亚、新西兰、日本、新加坡、巴西等 12 个国家和地区的交易所进行了金融期货交易。

20 世纪 80 年代后期，期权和互换市场得到很大发展，期权交易与互换技术相结合而衍生出的互换期权也得到广泛运用。此外，期权场外交易尤其活跃。1989 年年底，包括利率封顶、保底期权以及互换期权等在内的期权场外交易名义本金总额达 4500 亿美元。1990 年，上述场外交易期权交易额几乎等于场内交易的利率期权总额，达 5600 亿美元。20 世纪 90 年代以来，金融衍生产品仍保持了强劲的发展势头，品种数目、市场深度和广度均有了迅猛的发展。

20 世纪 70 年代中期出现的第一代衍生工具——期货、期权主要是在有组织的交易所交易，而 80 年代出现的第二代衍生工具则使柜台交易市场异军突起，与交易所交易旗鼓相当。第二代衍生产品与第一代传统的衍生产品不同，它既具有期货、期权等传统衍生工具的特点，同时又为那些不满足于期货、期权交易所成交额的客户提供了大规模套期保值的手段。第二代衍生产品大部分是场外交易产品，由此促进了柜台市场（OTC）的形成和发展。

进入 21 世纪以来国际金融环境急剧变化，金融市场越发动荡，金融风险更加突出。为了满足各个经济主体管理金融风险以及规避税收和金融监管的需要，各发达国家纷纷掀起金融创新的浪潮，新金融产品和新金融业务层出不穷。其中，最引人注目的是各种金融衍生产品的推出和飞速发展。票据发行便利、互换交易、期权交易和远期利率协议就是这一时期国际金融市场的"四大发明"。为适应日益复杂和个性化的需求，金融衍生产品的供给技术不断推陈出新，衍生产品市场也由美洲、欧洲向亚太地区乃至全球拓展，竞争日趋激烈，当代的衍生产品已经对国际金融市场产生了深刻的影响。

主要衍生金融工具的种类如表 2-2 所示。

表 2-2　主要衍生金融工具及其产生时间

年份	衍生金融工具
1972	货币期货
1973	股票期权
1975	抵押债券期货、国库券期货
1977	长期政府债券期货
1979	场外货币期货
1980	货币互换
1981	股票指数期货、中期政府债券期货、银行存款单期货、欧洲美元期货、利率互换、长期政府债券期货和期权
1983	利率上限和下限期权、中期政府债券期货、货币期货期权、股指期货和期权
1985	欧洲美元期权、互换期权、美元及市政府债券指数期货

时间	衍生金融工具
1987	平均期权、商品互换、长期债券期货和期权、复合期权
1989	三个月期欧洲马克期货、上限期权、欧洲货币单位利率期货、利率互换期货
1990	股指互换
1991	证券组合互换
1992	特许互换

资料来源：田超：《金融衍生品：发展现状及制度安排》，中国金融出版社，2006。

4. 中国衍生金融工具的发展

在 20 世纪 80 年代末 90 年代初，中国政府对金融衍生产品持允许和适度放开的态度，自 1984 年起，企业、机构就可以通过经纪公司在境外进行外汇期货交易。

1992 年 6 月，中国第一个外汇期货市场在上海外汇调剂中心建立了，境内外汇期货交易也得以开展。当年 12 月，上海证券交易所推出第一张国债期货合同。国债期货曾是中国发展规模最大的金融期货，但是由于出现多次违约风波，最终在 1995 年 5 月国债期货交易被彻底关闭。

1993 年，中国首次出现了可转换债券，历经多年的实际运用，可转换债券得到了认可和接受，并不断发展。同年 3 月，中国海南证券交易中心推出了股票指数期货，标的为深圳综合指数和深圳 A 股指数，并按国际惯例建立了保证金等各项制度。但随后不久发生了深圳平安保险公司福田证券部大户联手操作打压股指的投机行为，给深圳股市带来了较大的负面影响，最后于同年 9 月底全部平仓，停止交易。

1993～1995 年，国内外的外汇期货都出现了不同程度的问题，中国加大了整顿外汇市场的力度，多次下令关闭非法外汇期货经纪公司，期货也在 1996 年被关闭。在此期间，中国先后推出了多只认股权证，但由于出现价格暴涨、暴跌的严重投机现象，认股权证交易最终于 1996 年 6 月底被终止了。

随着 2005 年股权分置改革的推进，认股权证的发行又被提上了日程。中国证监会有关部门负责人在 2010 年 2 月 20 日宣布，中国证监会已正式批复中国金融期货交易所沪深 300 股指期货合约和业务规则。

二　基本理论

（一）有效市场理论

1. 理论渊源

研究衍生金融工具的前提假设——市场有效性假设（EMH）认为，金融资产的价格总是反映所有信息，并排除了利用现有信息便可以获得超额回报的可能性。根据市场有效性假设，无论是个人投资者还是机构投资者都不可能持续获得超额回报率。

EMH 理论最早可以追溯到 1900 年，法国金融专家巴契里耶在他的论文中开创性地提出了商品的价格走势是随机的，不能预测。1933 年科斯与同事琼斯在研究了美国股票价格在过去几十年的走势后，正式提出了随机游走假说（RWH），认为美国的股票价格与随机游走假说完全适应，这是有关市场有效性的最早研究。1970 年芝加哥大学财务系教授法马发表了一篇题为《有效资本市场》的文章，使得有效市场理论得以全面建立。

2. 理论描述

经典的市场有效性定义主要以法马、詹森和马尔塞的观点为主。设 R_n 是包含截至第 n 期所有能收集到的与股票有关的信息集合，法马认为在一个有效的资本市场中，股价充分、及时地反映了 R_n。詹森认为如果基于 R_n 的交易不可能获得经济利润，则市场是有效的。马尔塞认为一个有效的市场必须满足两个条件：一是对所有交易者揭示 R_n 并不会影响股票价格的变动；二是基于 R_n 的交易并不能获得经济利润。

有效市场理论由三个逐渐弱化的假设组成：第一，假设投资者是理性的，因此投资者可以理性地评估资产价值；第二，即使有些投资者是不理性的，但他们的交易是随机的，可以相互抵消，不至于影响资产的价格；第三，即使投资者的行为是非理性的且不是随机产生的，也会在市场中理性的套期保值者的作用下消除上述投资者对价格的影响。

3. 理论意义

有效市场理论是现代金融学的理论基石，为套期保值奠定了理论基础。EMH 理论认为套期保值对非理性交易者具有抵消作用。假设由于非理性投资者的购买行为而使某股票的价格高于基本价值，如果市场中存在替代资产，聪明的投资者便可以通过出售甚至卖空该股票而同时买入一个近似的替代资产来规避风险。这种行为就被称为"套期保值"，"聪明的投资者"就是套期保值者。套期保值使非理性投资者的交易行为得到抵消，资产价格回落至基本价值。套期保值者可以通过上述行为获得一个无风险的利润，然而套期保值者相互竞争使得其获得的无风险利润不会很大，资产价格也不会远离基本价值。上述分析表明，只要资产之间具有相似的替代关系，即使部分投资者不理性或者他们的需求具有相关性，套期保值可以将资产价格保持在基本价值上下。

（二）MM 理论

1. 理论渊源

1958 年 6 月，美国的 Modigliani 和 Miller（1958）在《美国经济评论》上发表题为《资本结构、公司财务与资本》的论文，在文中阐述了 MM 理论及其基本思想。MM 理论中蕴含着无套利分析方法，无套利分析方法的原理是：当市场处于不均衡状态时，价格偏离了由供需关系所决定的价值时就出现了套利的机会，市场上的套利力量将推动市场重建均衡；市场一旦恢复均衡，套利机会就会消失，这种均衡就是无套利均衡。将其运用到金融研究中，就是将某项头寸与市场上其他金融资产的头寸组合起来，构筑一个在市场均衡时不会产生不承受风险的利润的组合头寸，从而测算出该项头寸在市场均衡时的价值，即均衡价格。

2. 理论描述

MM 理论认为，在完美市场的假设下，公司的资本结构与公司的市场价值无关。或者说，当公司的债务比例由 0 增加到 100% 时，企业的资本总成本及总价值不会发生任何变动，即企业价值与企业是否负债无关，不存在最佳资本结构问题。其中，完美市场假设包括没有税收、没有缔约成本且公司的经营不存在信息不对称问题或者公司与相关的索取权拥有者之间能够以无成本解决彼此之间的利益冲突问题。

3. 理论意义

依据该理论，即在完美市场的假设下给定投资决策，公司的融资决策是无关紧要的，公司资本结构并不会影响公司价值。以上理论正是所有关于衍生金融工具运用与公司价值关系研究的基石。根据 MM 定理，给定投资决策以及完美市场假设，像保险这样的财务决策是不会为公司创造价值的。因此，如果保险影响公司价值，必然是由于市场的非完美性或者是通过影响公司的投资决策来实现的。Smith、Stulz（1985）将类似的分析框架用于公司对冲行为的研究，得出了一个自然的推论：衍生金融工具的运用也不会为公司创造价值。其理由是在完美市场假设及给定投资决策的情况下，投资者能够改变所持有的风险资产，"复制"与公司采取对冲行为后相同的投资组合，或者说投资者本身能够选择与自身风险厌恶程度相匹配的风险组合。

（三）信息不对称与委托代理理论

1. 理论渊源

新古典主义经济学在研究市场经济理论时，总是假定市场参与者的信息是完全的，在完全竞争的各种假定之下通过市场配置，资源达到帕累托最优状态。随着经济理论研究的不断进展，研究假定日益被放宽并更加接近现实世界的真实情况。信息经济学认为，现实世界不仅是信息不完全的世界，而且是信息发布不对称的世界。信息不对称理论对在不完全信息条件下产品市场、资本市场和保险市场的经济行为，信息在社会资源配置中的作用（特别是逆向选择和道德风险导致的市场失败问题），以及微观信息市场进行研究，开创性地建立了委托人－代理人关系的基本模型，奠定了委托－代理关系研究的基本模型框架和模型化方法。

2. 理论描述

现代公司制企业是以所有权与经营权相分离为特征的。所有者即出资人将资金投入公司，但不直接经营公司，而委托具有专业技能的管理者（公司经理）来直接负责公司的日常经营业务，这样就形成了股东与管理者之间的委托－代理关系。委托－代理关系在现实生活中广泛存在，委托－代理双方通常存在着利益冲突和机会主义倾向，在交易中很可能存在代理人运用其信息优势损害委托人合

法利益的情形。在委托－代理关系中，管理者处于公司内部，比处
于公司外部的股东更了解公司的状况，掌握更多相关信息，因而股
东与管理者在有关信息方面是不对称的。信息不对称产生了事前的
逆向选择代理问题和事后的道德风险代理问题。

3. 理论意义

在市场是不完美的情况下，衍生金融工具的会计信息不对称普
遍存在，相应的，逆向选择和道德风险就会产生。在逆向选择的情
况下，公司内部利益相关者会比外部利益相关者拥有更多的衍生金
融工具会计信息，内部信息的不均匀扩散将导致利益相关者之间的
信息不对称，当这些信息对外部利益相关者决策有着重要影响时就
会导致市场的不公平和低效率。在存在道德风险的情况下，上市公
司管理层存在自利动机，有研究认为衍生金融工具的运用是股东和
管理层存在代理冲突，经理层追求自身利益最大化的结果。管理层
的努力程度无法很好地得到监督，衍生金融工具的内部会计数据在不
同会计选择下的差异可能会被管理层利用，通过事后调整会计制度而影
响契约的经济结果；或是通过对内部会计数据的调整进行盈余管理。

三　金融资产定价理论

金融资产定价理论有着极强的实践性，其运用的基础是无风险
利率的形成和风险的量化。随着金融市场的发展以及计算机和数学
理论研究的进展，金融资产定价理论得以不断修正和完善。

（一）资本资产定价模型

1. 理论渊源

资产定价理论源于马柯维茨的资产组合理论研究。1952 年，马

柯维茨在《金融杂志》上发表题为《投资组合的选择》的博士论文，确定了最小方差资产组合集合的思想和方法，标志着现代投资分析理论的诞生。此后，经济学家利用数量化方法不断丰富和完善组合管理理论与方法，使之成为投资学的主流理论。20世纪60年代初期，William Sharpe（1964）、Jone Lintner（1965）和 Mossin（1966）将马柯维茨最优资产组合选择的思想分别引入证券估值研究，提出了资本资产定价模型（Capital Asset Price Model，CAPM），因此资本资产定价模型也称为"SLM 模型"。

2. 理论描述

资本资产定价模型是在马柯维茨均值方差理论基础上发展起来的，它继承了其资本市场是有效的、投资者可以购买股票的任何部分、资产无限可分等假设。同时为了简化模型，又增加了新的假设，例如，资本市场是完美的，信息是免费的且立即可得，没有交易成本，所有投资者借贷利率相等，投资期是单期的或者投资者都有相同的投资期限，投资者有相同的预期，即他们对预期回报率、标准差和证券之间的协方差具有相同的理解，等等。该模型可以表示为：

$$E(R) = R_f + \beta \times [E(R_m) - R_f] \qquad (2-1)$$

其中，$E(R)$ 为股票或投资组合的期望收益率；$E(R_m)$ 为市场组合的收益率；β 表示股票或投资组合的系统风险测度；R_f 为无风险收益率。

该模型显示，资产或投资组合的期望收益率取决于三个因素：无风险收益率 R_f、风险价格 $[E(R_m) - R_f]$ 和风险系数 β。无风险收益率一般为一年期国债利率或者银行三个月定期存款利率，投资者可以以这个利率进行无风险借贷；风险价格是市场组合收益率与无风险利率之差，同时也是风险收益与风险系数的比值；风险系数是风险资产的收益率与市场组合收益率的协方差和市场组合收益率的方差之比，是度量资产或投资组合的系统风险大小尺度的指标。

3. 理论意义

资本资产定价模型是第一个关于金融资产定价的均衡模型，同时也是第一个可以进行计量检验的金融资产定价模型。该模型的意义在于：第一，建立了资本风险与收益的关系，揭示出证券报酬的内部结构——证券的期望收益率是无风险收益率与风险补偿两者之和；第二，该模型将风险分为系统风险和非系统风险。系统风险，也称"固有风险"或"不可分散风险"，指那些影响整个市场的风险因素；非系统风险，也称"可分散风险"，是一种特定公司或行业所特有的风险，可以通过资产多样化进行分散。资本资产定价模型的作用是通过投资组合分散非系统风险，并用 β 系数来表征系统风险。

（二）套利定价理论

1. 理论渊源

套利定价理论（Arbitrage Pricing Theory，APT）由美国经济学家斯蒂芬·罗斯（Stephen Ross）首先提出。该理论以完全竞争和有效市场为前提，用套利概念定义均衡，并认为风险性资产的收益率不但受市场风险的影响，还受到许多宏观经济因素及某些指数等的影响，一般认为，比较成熟的市场不存在套利的机会，由此达到无套利均衡的状态。

该理论表明，资本资产的收益率与一系列因子线性相关，而不是只受证券组合内部风险因素的影响。当收益率通过单一因子（市场组合）形成时，套利定价理论与资本资产定价模型形成了一种相同的关系。因此，可以被认为套利定价理论是一种广义的资本资产定价模型，为投资者提供了一种替代性的方法，来理解市场中的风险与收益率之间的均衡关系。

2. 理论描述

套利定价理论的假设条件有如下五个。

一是资本市场是完全竞争的、无摩擦的。

二是投资者是风险厌恶的且是非满足的。当有套利机会时，他们会构造套利证券组合来增加自己的财富，从而追求效用最大化。

三是所有投资者有相同的预期。任何证券 i 的收益率都是一个线性函数，其中包含 k 个影响该证券收益率的因素，函数表达式为：

$$\tilde{R}_i = E(\tilde{R}_i) + b_{i1}\tilde{F}_1 + b_{i2}\tilde{F}_2 + \cdots + b_{ik}\tilde{F}_k + \varepsilon_i \qquad (2-2)$$

其中，$\tilde{R}_i$ 为证券 i 的实际收益率，它是一个随机变量；$E(\tilde{R}_i)$ 为证券 i 的期望收益率；$\tilde{F}_k$ 为第 k 个影响因素的指数；b_{ik} 为证券 i 的收益对因素 k 的敏感度；ε_i 为影响证券 i 的收益率的随机误差，$E(\varepsilon_i) = 0$。

四是市场上的证券品种 n 必须远远超过模型中影响因素的种类 k。

五是误差项 ε_i 用来衡量证券 i 收益中的非系统风险部分，它与所有影响因素及证券 i 以外的其他证券的误差项是彼此独立不相关的。

3. 理论意义

可以认为套利定价理论是一种广义的资本资产定价模型，为投资者提供了理解市场中风险与收益率之间均衡关系的一种方法。它与资本资产定价模型的区别体现在以下几个方面：第一，CAPM 是一种均衡定价模型，APT 不是均衡定价模型，这是二者最本质的区别；第二，CAPM 对证券收益率的分布以及个体的效用函数做出假设，APT 并没有这方面的假设；第三，APT 认为资产的收益率受到多种因素风险的影响，而 CAPM 认为资产的收益只取决于市场组合一种因素。APT 并不特别强调市场组合的作用，而 CAPM 则强调市场组合必须是一个有效的组合。套利定价理论尤其是多因素套利定价理论将影响资产收益率的因素分解为多种因素，更加接近市场实际，应用空间更为广阔。

（三）期权定价理论

1. 理论渊源

期权定价理论源自 Black、Scholes（1973）开创性的论文。1973 年 5 月，他们在《政治经济杂志》（*Journal of Political Economy*）上发表了《期权和公司负债的定价》一文，推导出无红利支付股票的任何衍生产品的价格必须满足的微分方程，并成功地得出了欧式看涨期权和看跌期权定价的精确公式，使期权和其他衍生证券的定价理论获得了突破性进展，从而成为期权定价的经典模型。近些年来，随机微分等式解析方法、鞅定价方法以及数值方法得到广泛应用，期权定价的研究成果非常多。期权定价的数值方法可分为网格方法、有限差分方法以及 Monte Carlo 模拟等方法。

2. 理论描述

期权定价模型中，最为著名的就是布莱克－斯科尔斯模型与二项式模型。

（1）布莱克－斯科尔斯模型

1973 年，美国芝加哥大学学者费歇尔·布莱克与迈伦·斯科尔斯提出了布莱克－斯科尔斯模型（Black-Scholes Option Pricing Model）。该模型对股票期权的定价做了详细的讨论，有以下假设：其一，市场的无摩擦性，包括无税收、无交易成本、所有资产可以无限细分、没有卖空限制；其二，短期的无风险利率是已知的，并且在期权寿命期内保持不变；其三，在期权寿命期内，买方期权标的的股票不发放股利，也不做其他分配；其四，所有证券的交易都是连续发生的，股票价格随机游走；其五，看涨期权只能在到期日执行；其六，任何证券购买者能以短期的无风险利率借得任何数量的资金。在此基础上建立了欧式期权定价的 B－S 模型，该模型的公式为：

$$c = S_0 N(d_1) - Ee^{-rT} N(d_2)$$
$$p = Ee^{-rT} N(-d_2) - S_0 N(-d_1)$$
$$d_1 = \frac{\ln(S_0/E) + (r + \wp^2/2)T}{\wp\sqrt{T}}$$
$$d_2 = \frac{\ln(S_0/E) + (r - \wp^2/2)T}{\wp\sqrt{T}} = d_1 - \wp\sqrt{T} \qquad (2-3)$$

在公式（2－3）中，期权的价值取决于五个变量：基础资产价格 S_0、执行价格 E、无风险利率 r、到期日的时间 T 和资产回报率的标准差 $\wp$（通常被称为"波幅"）。在这五个变量中，只有波幅是未知的，需要对期权到期日的波幅进行预测。

（2）二项式模型

1979 年，约翰·考克斯、斯蒂芬·罗斯和马克·鲁宾斯坦提出了二项式模型（Binomial Option Pricing Model，BOPM）。其主要假设包括：一是不支付股票红利；二是交易成本与税收为零；三是投资者可以无风险利率拆入或拆出资金；四是市场无风险利率为常数；五是股票的波动率为常数。该模型建立了期权定价数值法的基础，解决了美式期权定价的问题。

考虑一个无红利支付的股票，股票价格为 S，基于该股票的某个期权当前价格为 f。假设期权的有效期为 T，并且在期权有效期内，股票价格 S 或者向上运动上涨到 S_u（$u>1$），或向下运动下跌到 S_d（$d>1$），上涨或下跌的比率为 $u-1$ 和 $1-d$。如果股票向上运动到 S_u，则假设期权价格为 f_u；如果股票向下运动到 S_d，则假设期权价格为 f_d。

$$f = e^{-rT}\left[pf_u + (1-p)f_d\right] \qquad (2-4)$$

其中，

$$p = \frac{e^{-rT} - d}{u - d} \qquad (2-5)$$

3. 理论意义

期权定价理论作为一种金融资产定价理论，为金融投资提供了重要的分析方法。期权定价理论创造性地在期权定价公式中引进了风险中性定价。风险中性定价理论表达了资本市场中这样的一个结论：在市场不存在任何套利可能性的条件下，如果衍生产品的价格依然依赖于可交易的基础证券，那么这个衍生产品的价格是与投资者的风险态度无关的，从而使衍生金融工具定价的分析过程更清晰。首先，在风险中性的经济环境中，投资者并不要求任何的风险补偿或风险报酬，所以标的证券与衍生金融工具的期望收益率都恰好等于无风险利率；其次，正由于不存在任何的风险补偿或风险报酬，市场的贴现利率也恰好等于无风险利率，所以衍生金融工具的任何盈亏经无风险利率的贴现就是它们的现值；最后，利用无风险利率贴现的风险中性定价过程是鞅。

四 行为决策理论

（一）有限理性理论

1. 理论渊源

"完全理性"的"经济人"假设是古典决策理论建立的基础，古典决策理论下的经济人具有完全绝对的理性，因而能在决策中寻求最优的决策方案，实现利益最大化。然而，现实是否如古典决策理论所说的那么完美呢？西蒙对"完全理性"提出了质疑，在其《管理行为》一书中提出"有限理性理论"，指出"有限理性理论是考虑限制决策者信息处理能力的约束的理论"，并由此获得1978年诺贝尔经济学奖。

2. 理论描述

西蒙认为现实生活中的人是介于完全理性与非理性之间的"有限理性"状态，并明确区分了程序理性和结果理性。程序理性是指行为是适当考虑的结果，如果行为的过程符合规范的标准，则该行为就是程序理性的；结果理性是指在一定的条件和限定范围内，当行为能够达到预定的目标时，它就是结果理性的。因此，行为的程序理性取决于它的产生过程，行为的结果理性取决于行为是否达到了预定目标或预定目标的完成状况，而不管其行为过程如何。程序理性和结果理性有本质的区别，其区别在于二者的着眼点不同。程序理性不只是注重结果本身，而且强调行为过程的理性，因为结果总是一定行为过程的结果。只要保证了行为程序的理性，结果自然是可以接受的。而结果理性不在意产生结果的行为程序，而强调结果对预定目标的符合程度。

3. 理论意义

西蒙认为，在不确定的环境下，由于无法准确地认识和预测未来，人们只能依靠某一理性的程序来减少不确定性，而无法按照结果理性的方式采取行动。也就是说，在不确定条件下做决策时，应该更注重程序理性。按照西蒙的有限理性学说，我们应以程序理性代替结果理性来进行经济决策，加强对行为过程的考核、控制。衍生金融工具伴随风险产生，风险与不确定性紧密相连。在不确定条件下，如何运用衍生金融工具有效规避风险是上市公司面临的共同问题。有限理性理论为衍生金融工具风险管理框架的构建和风险管理策略的实施提供了理论支撑。

（二）展望理论

1. 理论渊源

传统金融学基于理性人假设提出期望方差决策理论。然而，行为金融学发现，人在不确定条件下的决策过程中并不是完全理性的，会受到过度自信、代表性、可得性、框定依赖、锚定和调整、损失规避等信念影响而出现系统性认知偏差，并以 Kahneman 和 Tversky（1979）的展望理论（Prospect Theory）取代了传统金融学的期望方差理论，将"芝加哥人"假设扩展为"K - T 人"假设①，这不仅是对传统金融学的挑战，也是对经济学理论基础的挑战。

2. 理论描述

展望理论是一个描述性理论，在该理论中个体面对的所有选项

---

① "芝加哥人"指自由市场经济理论的理性人，因芝加哥大学为市场经济理论的重镇而得名。"K - T 人"指 Kahneman 和 Tversky 展望理论中的行为人。

被归并为一系列展望，用权数函数和主观价值函数两个变量描述人的效用。权数函数描述未来前景中单个事件概率的变化对总效用的影响；主观价值函数直接反映前景结果与人的主观满足大小之间的关系（见图2－1）。展望理论主张，人们的判断表现出以下三个特点。一是参考点依赖。个体更容易受到相对于某个参考点的差异的影响，而不是绝对量。换句话说，变化（即相对于某个参考点的收益和损失）——而不是最终状态——被认为是价值的承载者。二是损失厌恶。价值函数在自变量的负值区域要比在正值区域更陡峭，或者说损失曲线要比收益曲线更陡，这意味着损失看起来要比收益更大。就心理学意义而言，一单位的损失获得的权重要高于同等大小的收益。在顾客满意的情境下，负面的期望不一致比同等大小正面期望不一致在总体满意度的判断中获得更高的权重。三是评价表现出敏感性递减的特点。随着收益和损失幅度的增加，收益和损失的边际价值下降。从形状上看，收益一侧为凹函数，而损失一侧为凸函数。

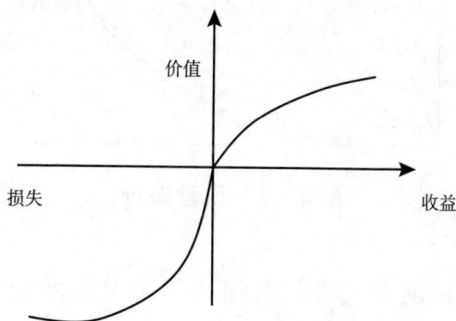

图2－1　S形价值函数

3. 理论意义

展望理论的预期作用贯穿于衍生金融工具始终。运用衍生金融工具是在交易双方对获利前景进行预期的基础上展开的，比如，在开展期货和期权交易时不需要立即进行实物的产品交割，只是承诺未来一段时间内或某一时刻进行某种买卖行为。首先，这一承诺基于交易时投资者在各种相关因素下对未来某种金融商品价格的预期；其次，如果在交易后实际情况发生变化，与当初预期不相符，交易方无须立即进行交割，还可以根据新的情况修正自己的预期，进行补偿性的交易，以弥补先前的损失。不同的预期者面对相同的不确定性时，其行为选择和预期收益是不同的，这主要取决于预期者的风险态度。

根据展望理论，人们的预期不仅取决于最终的选择结果，也取决于他们的主观概率。这里主观概率的形成，除了根据预测者获得的信息外，其风险态度也起到很大作用。一般风险的态度可以分为风险中性、风险厌恶和风险偏好（见图 2-2）。

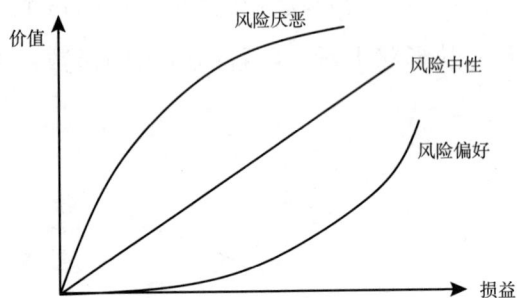

图 2-2　风险态度

风险厌恶者，随着风险的增加，效用价值增加变缓，此时交易者会对风险持谨慎态度，宁愿放弃风险可能带来的收益也不愿意承担风险；风险中性者，随着风险的增加，效用价值也同等增加；风险偏好者则随着风险的增加，期望效用价值增加加速，交易者对风险持偏好态度，为了追逐更大的收益愿意承担更大的风险。因此，可以看出交易者在相同的信息集下，对衍生金融工具交易可能做出截然相反的决策。卡涅曼和特维斯基展望理论价值曲线则反映了大多数人的风险态度，即具有确定性效应、反射效应、组织效应，盈利时倾向于厌恶风险，亏损时倾向于偏好风险。

五　套期保值理论

（一）理论渊源

套期保值理论是经济学家针对企业在日益竞争的市场中，为了避免由价格波动所造成的市场风险、由金融市场波动所产生的金融风险，为规避企业价值及股东权益损失而发展起来的风险管理理论。它早期深受价格保险理论、收益回报理论的影响，后期深受投资组合理论的影响。

（二）理论描述

1. 传统避险理论

传统避险理论的代表人物是凯恩斯和希克，该理论强调期货市场可以完全规避现货市场的价格风险，认为期货价格与现货价格为同方向且同幅度的变动，即基差风险不存在（基差为现货价格减去期货价格）。这一理论隐含的假设条件是期货和现货价格同步变动，最佳策略是对价格波动进行完全套期，避险比例等于100%。由于其假设条件在实际中很难获得市场数据的支持，人们将这种避险交易称作"天真套期保值"。

2. 预期最大化理论

预期最大化理论也被称为"选择性避险理论"，代表人物是沃金。与传统的避险观不同，沃金认为避险者并不是追求风险极小，而是追求预期利润最大，即套期保值者所追求的不一定是把风险全部转移出去，只是避免现货市场价格变动这一较大的风险，而接受基差变动这一较小的风险，其目的是从基差变动中获利，即"套期获利"。沃金假设避险者行为风险中性，在追求预期利润最大的过程中，其行为也隐含了投机者的成分，避险者会根据现货与期货价格的相关程度来预测基差，以确定是否进行避险。

3. 投资组合避险理论

约翰逊和斯坦等利用投资组合的均值方差分析方法，整合了传统避险理论与预期最大化理论的观点，进一步发展了投资组合避险理论，主张避险者应同时考虑风险和利润两个层面，认为套期保值者根据组合投资的预期收益和预期收益的方差，确定现货市场和期货市场的交易头寸，目的是实现风险最小化或效用函数最大化。确定套期保值比例的方法有两类：一是从组合收益风险最小化的角度，确定最小风险套期保值比例；二是综合考虑组合收益和方差，从效用最大化的角度确定风险收益套期保值比例。由于套期保值者是可以选择在期货市场上保值的比例的，买卖期货合约的数量与现货交易数量不一定相等，因此投资组合避险理论又称为"部分避险理论"。

（三）理论意义

从套期保值理论的演变过程中可以看出，套期保值的内涵已发生了本质的变化，现代意义上的套期保值是将现货市场和期货市场的交易作为一个组合投资，而不再是期现数量相等、方向相反的风险对冲机制。期货和现货价格同步变动的假设条件难以实现，如果严格恪守完全避险观的原则而机械地操作，不根据市场变化随时调整套保头寸，有可能遭受损失，从而失去了套期保值的意义。在衍生金融工具运用中，不能把衍生金融工具交易简单地归结为不是套保就是投机的非此即彼的活动；不能以传统的完全避险观评价套期保值效应。从理论上说，无论是通过运用衍生金融工具套期保值提高企业价值，还是通过套期获利提高企业价值，本质上都是一样的。在实践中，既存在企业根据其对利率或外汇汇率或其他金融价格未来趋势的判断进行选择性规避风险，也不乏运用衍生金融工具进行套期保值获得利润的企业。因此，对投机片面地进行道德批判是非理性的。

第三章
衍生金融工具的风险
运行机制

在本质上，衍生金融工具是用来交换经济风险的一类特殊的契约，是虚拟资本的特有形式。衍生金融工具的市场功能与风险是其与生俱来、相辅相成的两个方面。设计和发展衍生金融工具的初衷是规避风险，然而，衍生金融工具本身存在着巨大的风险，而且可能导致风险的集中和突然性爆发。只有深入衍生金融工具的运行机制，才能深入剖析衍生金融工具的功能所在、风险所来以及功能与风险的互生互动关系。

一　衍生金融工具的市场功能与风险类型

（一）衍生金融工具的市场功能

1. 规避风险

设计衍生金融工具的最初目的是规避金融市场因价格变动可能带来的风险，从而避免或减少由于股指、汇率、利率的不利变化而给人们带来的预期收益减少或成本增加，因此规避和转移风险是衍生金融工具最基本的经济功能。例如，交易者可以通过期货、期权等衍生金融工具对未来的现金流量进行套期保值，即在现货市场某一笔交易的基础上，在金融期货、金融期权或远期市场做一笔价值相当、期限相同但方向相反的交易，最终通过开展此类抵消性交易活动，达到减少或消除某种基础资产风险的目的。然而，这种套期保值、规避风险的操作，实际上并不能真正将风险消灭，而是一种风险的转移。通过衍生金融工具的交易，风险厌恶者可以将风险转移给其他愿意承担风险的投资者，如此一来，风险厌恶者付出了一定的风险报酬，转出了风险，而对方接受了风险的同时，也获得了相应的风险报酬。

套期保值是企业参与金融衍生产品交易进行风险管理的重要方式，是所有衍生金融工具产生的最主要动因。2007年1月1日正式实施的《企业会计准则第24号——套期保值》（2017年修订）中第二条和第三条对套期保值的定义和分类进行了阐述："套期，是指企业为管理外汇风险、利率风险、价格风险、信用风险等特定风险引起的风险敞口，指定金融工具为套期工具，以使套期工具的公允价值或现金流量变动，预期抵消被套期项目全部或部分公允价值或现金流量变动的风险管理活动。套期分为公允价值套期、现金流量套期和境外经营净投资套期。"其中，公允价值套期，是指对已确认资产或负债、尚未确认的确定承诺，或该资产或负债、尚未确认的确定承诺中可辨认部分的公允价值变动风险敞口进行的套期，该类价值变动源于某类特定风险，且将影响企业的损益；现金流量套期，是指对现金流量变动风险敞口进行的套期，该类现金流量变动源于与已确认资产或负债、极可能发生的预期交易有关的某类特定风险，且将影响企业的损益；境外经营净投资套期，是指对境外经营净投资外汇风险敞口进行的套期。境外经营净投资，是指企业在境外经营净资产中的权益份额。

2. 投机套利

风险厌恶者进行套期保值的目的是将风险转移给其他愿意承担风险的投资者，但与此同时，他们也放弃了市场价格的有利变动可能给其带来的风险报酬。投机则刚好相反，其目的在于通过承担套期保值者转移的风险来获取与风险相应的报酬，更确切地说，它是以投资者对未来价格走势的判别为基础，以承担相应的风险为代价，并通过衍生金融工具来赚取未来合同价格与实际价格之间差额的行为。投机套利收益是从事衍生金融工具交易所获得的主要收益之一，在投资金额相等的情况下，与投资传统金融工具相比较，通过衍生金融工具交易控制的基础资产数量要巨大得多，因此，投资者可能以较少的资金投入获取较大的利润。

3. 价格发现

价格发现功能也是衍生金融工具所具有的基本功能，是指市场参与者根据自己了解的市场信息和对价格走势的预测，对某种商品进行反复的交易，最终形成能够真实反映供求关系的价格体系或功效。成千上万的投资者聚集在衍生金融市场上进行交易，一方面，他们在信息收集和价格动向分析的基础上，通过公开竞价达成协议价格，这种在近似于完全竞争市场中形成的价格能够充分反映与其相关的各种信息，基本接近于市场供求均衡价格；另一方面，市场中汇集了众多交易者对未来的预测信息，因此，达成的协议价格能够充分反映出交易者对市场价格的预期，也能在相当程度上体现出未来的价格走势，这就是价格发现。

（二）衍生金融工具的风险类型

1. 市场风险

市场风险，又称"市场价格变动风险"，是指市场价格水平波动发生的不利变化给交易机构的财务带来的风险。衍生金融工具的价格或价值取决于基础资产的价格，因此，当基础工具的价格发生变化时，衍生金融工具的价格也随之变化。衍生金融工具的市场风险，是指与市场因素有关的价格风险，主要指汇率、利率、股票价格以及商品价格等的变化，对市场参与者造成亏损的可能性。衍生金融工具市场风险的特殊性在于，一方面，衍生金融工具被用作套期保值的手段，对基础工具的市场风险进行管理和规避；另一方面，由于衍生金融工具的杠杆效应，它又放大了市场风险，也就是说衍生金融工具的市场风险要大大高于基础工具的市场风险。

2. 信用风险

信用风险，又称"违约风险"，它是指交易中因一方没有履行合约而使另一方蒙受损失的风险。信用风险包括交易对手违约的可能性和违约所造成的损失两个方面的内容。信用风险是一种非对称性风险。衍生金融工具的信用风险主要表现在场外交易上，这是由场外交易的特点及场外交易的衍生金融工具品种所决定的。信用风险的发生一般被认为是交易对手破产或无力清偿等原因造成的；事实上它包含了许多原因，例如，衍生金融工具创新品种层出不穷，交易者对新的衍生金融工具不够了解等。此外，信用风险也与市场风险相关联，衍生金融工具的交割期限越长，相对来说信用风险也就越大。

3. 流动性风险

流动性风险，又称"市场流动性风险"，是指衍生金融工具不能按照其市场价值被迅速出售而使持有者遭受损失的可能性，或者换一句话说，衍生金融工具持有者无法在市场上及时找到出仓或平仓的机会而存在遭受损失的风险。衍生金融工具是基于未来交易的一种合约，衍生金融工具的风险主要存在于合同签订到合同执行的一段时间内。由于市场的剧烈波动，随着套期保值者的加入和以追逐短期利润为目的的投机者的推动，衍生金融工具的市场流动性大大提高。但随着时间的推移，套期保值的交易将稳定在一定水平上，市场参与者也因担心其市场风险会高于潜在的利润而止步不前，衍生金融工具的流动性会降低。流动性风险的大小取决于以下三方面内容：一是合约标准化程度，二是市场交易规模，三是市场环境的变化。对于如期货期权等场内衍生金融工具交易来说，其标准化程度高、市场规模大，交易者可随时根据市场环境变化决定头寸的抛补，流动性风险较小；对于如互换特别是复杂衍生金融工具等场外衍生金融工具交易来说，其每份合约基本上都是量身制定的，合约标准化程度较低，没有一个可流通转让的市场，很难转售出去，所以流动性风险很大。

4. 操作风险

操作风险，是指因衍生金融工具的交易程序或风险管理操作系统出现问题或人为失误而蒙受损失的风险。操作风险来自技术方面，如电源出现故障、计算机出现问题；还有来自人为因素的，如人为不恰当的监控和交易记录工作人员对衍生金融工具的复杂性缺乏足够的认识、交易文件编制不当等。

5. 法律风险

法律风险是指因合约无法履行或草拟条文不足引致损失的风险。衍生金融工具法律风险的形成主要来自两个方面。一是衍生金融工具交易不具备法律效力，具体表现为衍生金融工具确认文件不充分，合约不符合某些法律规定，交易对手没有法律授权或超越权限。二是衍生金融工具交易法规滞后，表现为交易双方因找不到相应的法律保护自己而遭受损失或发生纠纷找不到相应的法律加以解决。目前，衍生金融交易的增长大大快于市场建设的其他方面。由于衍生金融工具是新型金融工具，法规制定者对衍生金融工具的了解与熟悉程度不够或监管见解不尽相同导致无法可依和无例可循的情况时常会出现。

各类衍生金融工具的不同设计特征会有不同侧重的风险产生，各类衍生金融工具的风险情况如表 3-1 所示。

表 3-1　各类衍生金融工具的风险特征

项目	金融远期	金融期货	金融期权	金融互换
风险和收益是否对称	对称	对称	不对称	对称
合约是否标准化	非标准化	标准化	场内标准化 场外非标准化	标准化,但可以修改
保证方式	场外	场内	场内、场外	场外
交易场所	不固定	固定	比较固定	不固定
是否履约	履约	对冲为主 履约为辅	对冲为主 履约为辅	银行对冲为主、最终用户履约为主
履约时间	不固定	固定	比较固定	不固定
功能	风险转移 价格发现 投机套利	风险转移 价格发现 投机套利	风险转移 价格发现 投机套利	降低筹资成本,优化资产负债结构,逃避管制,风险转移,价格发现,投机套利
风险大小	信用风险大 流动性风险大 市场风险小	信用风险小 流动性风险小 市场风险大	信用风险小 流动性风险小 买方市场风险小、卖方市场风险大	信用风险大 利率互换市场风险小,货币互换市场风险大

资料来源：笔者根据相关资料整理而成。

从对衍生金融工具风险的分类考察中可以发现，衍生金融工具风险是由市场风险、信用风险、流动性风险、操作风险、法律风险等诸多风险相伴产生、相互作用形成的风险体系。衍生金融工具的市场风险在整个风险体系中处于核心地位，一方面它导致其他风险的产生并加大其风险程度，另一方面又受其他风险的反作用，从而进一步扩大整个风险体系的风险程度。市场风险的加大会使衍生金融工具交易者违约的可能性加大，从而导致信用风险加大，通过多米诺效应，会导致整个衍生金融市场的市场风险和信用风险都加大。此外，市场风险的增加往往会触发操作风险，使金融机构的信用风险暴露和市场风险扩大，进而引起整个衍生金融市场的市场风险和信用风险升级。法律风险会降低交易机构的资金流动性，导致流动性风险加大，从而使整个风险体系的风险加大。

二　衍生金融工具风险的形成机制

（一）衍生金融工具的本质特性与风险形成

根据衍生金融工具的定义，我们可以得出衍生金融工具具有如下特征。首先，虚拟性。衍生金融工具是金融经济虚拟化的结果，它与基础的经济业务已经形成了倒金字塔的状况（见图3－1）。衍生金融工具的虚拟性引发经济生活中的不确定性，不确定性使得逆向选择和道德风险加剧，道德风险促成经济的泡沫化，从而形成风险。其次，复杂性。衍生金融工具是技术性很强的产品，其发展日新月异，并不是每个交易者都能对衍生金融工具有充分的理解。客观上专业知识和经验丰富并拥有先进交易技术的机构才能顺利地开展这项业务。再次，风险性。活跃于衍生金融市场上的交易商在金融体系中处于举足轻重的地位，一个分支机构因衍生金融交易遭受亏损而出现财务困难甚至倒闭，所产生的多米诺骨牌效应将使与其有交易往来的其他金融机构不可避免地遭受牵连，衍生金融交易的风险体现出明显的连锁性。衍生金融工具在未来日期结算，可以通过衍生金融工具交易将风险在交易者之间进行转移。交易者可以通过衍生金融工具交易对冲已有头寸来进行套期保值或承担风险进行投机，使得运用衍生金融工具进行风险规避和风险投资成为可能。然而，风险性对于企业的运营和财务状况可能产生巨大影响，因此需要对衍生金融工具可能产生的风险进行更加深入的研究。

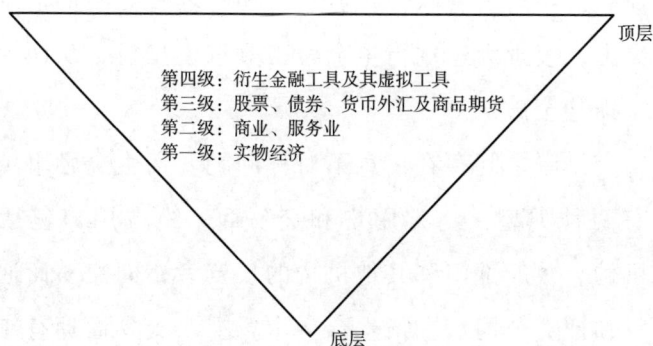

顶层

第四级：衍生金融工具及其虚拟工具
第三级：股票、债券、货币外汇及商品期货
第二级：商业、服务业
第一级：实物经济

底层

图 3 - 1　金融倒金字塔

（二）信息不对称与衍生金融工具风险形成

信息不对称理论是指在市场经济活动中，各类人员对有关信息的了解是有差异的；掌握信息比较充分的人员，往往处于比较有利的地位，而信息贫乏的人员，则处于比较不利的地位。在衍生金融工具市场中广泛存在信息不对称现象。信息不对称导致道德风险和逆向选择，从而引起资源配置效率下降和金融风险上升（孙宁华，

2004）。这些不对称现象可归纳为四个方面。

第一，在从事衍生金融工具交易的公司内部，所有者（股东）和管理者（交易者）之间存在信息不对称问题。股东与管理者之间存在委托－代理关系，管理者处于公司内部，比处于公司外部的股东更了解公司的状况，掌握更多相关信息，因而股东与管理者在信息方面是不对称的。当所有者和管理者目标不一致时，或者在公司发生"内部人控制"时，从事衍生金融工具交易的公司仍然有着追求更大风险的道德风险激励。因为如果冒险成功，风险资产会为管理层带来更多的收益，而如果失败，公司所有者承担全部损失。在中国，运用衍生金融工具的大多数上市公司为国有控股上市公司，由于国有控股公司所有者缺位，所有者和管理者之间的信息不对称问题更为突出，表现为运用衍生金融工具过度投机，从而导致公司出现巨额亏损甚至破产。

第二，交易者之间存在信息不对称问题。衍生金融市场的交易主体主要有两种类型：终端用户和交易商。终端用户包括商业组织、金融机构、政府部门和其他机构的投资者；而交易商通常是大型国际银行和证券公司。在衍生金融市场上，交易商拥有雄厚的资金、专业的人才和先进的信息收集与分析工具，在信息收集和分析等方面比终端用户具有明显的优势。交易商必然会利用自身信息垄断地位，一方面，隐藏自身拥有的真实信息，并利用这一信息优势获利；另一方面，采取各种措施散布虚假信息，引诱终端用户上当受骗，从衍生金融工具价格的反常波动中牟取暴利。在这场零和博弈中，处于信息劣势的终端用户往往损失惨重。

第三，经纪机构和衍生金融工具交易者之间存在信息不对称问题。经纪机构的主要功能是找出交易的最终使用者或是交易对手，并做成交易。经纪机构在发掘出可能的交易对手后，即为交易双方商讨有关衍生金融工具交易的交割日、到期日、金额、信用条件等，促使交易合同达成。经纪机构在自身的交易设施、员工素质、资信水平及服务规程等方面较交易者具有信息优势，由于这种信息不对称的存在，在经纪机构和交易者之间便会出现"柠檬市场"，进而导致"劣币驱逐良币"。当"高质量"的经纪机构被"驱逐"，经纪行业整体服务质量会下降，衍生金融工具交易的风险随之加大。

第四，衍生金融工具交易的监管者和交易者之间存在信息不对称问题。衍生金融工具不断推陈出新，各种金融工具的类别区分越来越困难，同时全时区、全方位、一体化的国际金融市场极大地加快了衍生金融工具的交易，从而加大了金融监管的难度和制定衍生金融工具会计准则的难度。许多与衍生金融工具相关的业务无法在传统会计报表中得到真实、公允的披露，使得信息的透明度下降，也使得衍生金融工具交易监管者和交易者之间的信息不对称问题日趋严重。监管者要想让交易者披露自己的私人信息必须支付一定的成本。监管成本的存在意味着监管是不完全的，而且总是事后的。信息不对称的存在，导致监管在制度上和技术上的乏力，使得衍生金融工具尤其是场外衍生金融工具像"脱缰的野马"，将给金融市场带来系统性风险，乃至危及全球金融体系的稳定。

（三）衍生金融工具运用动因与风险形成

衍生金融工具的运用动因是在不确定性条件下投资者对风险管理策略的选择。在某一时期投资者的风险承受能力是相对稳定的，但是可供其选择的机会集合因为风险管理策略的不同而不同。投资主体可以根据不确定状态评估的结果以及禀赋状态的不同相机选择接受、转移与回避等不同的风险管理策略（见图3－2）。

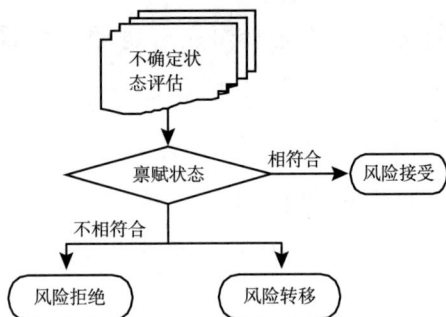

图 3－2　风险管理策略模型

　　从上市公司运用衍生金融工具的动因看风险效应，我们会发现衍生金融工具验证了"水能载舟，亦能覆舟"这句古话。从各种衍生金融工具的产生和发展来看，其具有双重性：作为一种套期保值的工具，它们原是应人们管理各种金融风险的需要而产生和发展起来的；但是作为一种获利性的投资工具，它们又往往给投资者带来新的、更为严重的金融风险。衍生金融工具之所以有此两重性，主要是由于衍生金融市场上有着不同动机且持有不同风险态度的参与者。

　　本书认为上市公司运用衍生金融工具无论是套期保值还是投机获利都无可厚非，因为通过衍生金融工具的交易来管理所面临的各种金融风险。并不是运用这些衍生金融工具从根本上消除各种金融风险，而是通过这种交易将所面临的金融风险转嫁给交易对手，通过将风险从风险厌恶者转移到风险偏好者那里，使市场参与者都能承担与之相适应的风险。事实上，在衍生金融市场上，套期保值者所转嫁的风险中，有相当一部分正是由投机者所承担的。投机也具有双重性：合法、适度的企业投机套利也是衍生金融市场的发展所必需的；只有非法、过度的投机才是扰乱市场秩序、引发金融危机

的根源。衍生金融工具能够转嫁风险但不能消除风险，这就意味着
交易双方一方转嫁风险，另一方必然承担风险，双方的交易是零和
博弈的过程。上市公司作为博弈的一方，在衍生金融工具交易中往
往作为终端用户，无论在信息、技术还是风险的承受能力上较之交
易商都处于劣势，如若选择过度投机将使风险成倍乃至数十倍、数
百倍地放大，最终使企业面临难以承受的巨大风险。

三　衍生金融工具风险的传导机制

（一）衍生金融市场的外部性与风险传导

外部性，也称为"外部效应"，它是指在消费者或生产者的私
人成本与私人收益之外，给他人（或社会）带来额外的成本或收益
的现象。私人成本和私人收益是经济主体（包括居民和企业）做决
策时自身所承担的成本和获得的收益，再加上给他人带来的额外成
本和额外收益，就是社会成本和社会收益。当社会收益大于私人收
益时，这种外部效应便称为外部经济或正的外部性；当社会成本大
于私人成本时，这种外部效应便称为外部不经济或负的外部性。

衍生金融工具市场同样存在正的外部性和负的外部性。正的外
部性主要表现在衍生金融市场的发现价格和稳定价格功能为衍生金
融市场以外的经济主体和整个社会带来的福利。衍生金融市场的套
期保值者、投机者和套利者在追求个人利益最大化时，在"看不见
的手"的指引下形成合理的预期价格，广大的社会公众和企业都能
够以低成本利用这些价格所提供的信息。负的外部性则表现在运用
衍生金融工具过度投机所导致的价格信息扭曲，给衍生金融工具市
场参与者以外的经济主体和社会资源配置带来的经济损失。生产者

或消费者依据扭曲的预期价格做出的生产或消费决策必然是不合理的。衍生金融市场上预期价格的扭曲为泡沫经济的滋生和膨胀提供了强烈的诱因，泡沫经济的膨胀和崩溃会直接导致金融风险。运用衍生金融工具过度投机引发的金融风险通过传染效应[①]和多米诺骨牌效应[②]从市场的直接参与者向信息使用者甚至整个经济系统迅速传导。

（二）金融市场稳定性与风险传导

根据明斯基金融不稳定假说，在一个经济周期开始时，大多数公司为套期保值型的公司，当经济从扩张转向收缩时，金融债务增加，资产价格暴涨，公司的盈利能力降低，逐渐转变成投机型和蓬齐型公司，金融风险增大，金融体系从稳定均衡转向金融不稳定状态。

衍生金融工具对金融市场稳定性的影响与其本质属性紧密相连。一方面，作为虚拟资本的表现形式，衍生金融工具对经济的放大作用依赖于衍生金融工具高度的流动性，而衍生金融工具的高度流动性又依赖于大规模的衍生金融工具交易。衍生金融工具交易的过度膨胀意味着过多的资本滞留在资本市场，而不是投向实际生产领域。长此以往，必然形成经济泡沫。泡沫一旦破裂，将使金融市场的不稳定性加剧。另一方面，国际热钱借助衍生金融工具，运用专业化的投机技巧，可以在股票市场、债券市场、房地产市场以及各种衍生金融工具市场迅速游走，频频制造金融

---

① 传染效应，是指一家机构的亏损往往引起其他交易主体丧失对市场的信心，导致市场供求关系发生变化，使市场价格出现更大的波动，从而加大风险总量。

② 多米诺骨牌效应，是指一家机构的亏损，会使这家机构出现对其他机构的违约，从而引起其他机构支付困难，相继发生违约，在严重时也一同陷入危机。

泡沫，导致新兴市场国家经济过热。一旦这些国家政治经济形势
稍有变化，国际热钱又会迅速撤离，造成泡沫破裂，引发金融市
场剧烈波动。

金融不稳定对非金融行业经济实体的冲击表现在以下三个方面
（刘仁伍，2007）。第一，实体资本预期收益减少。金融不稳定使整
个社会对未来经济预期不明朗，市场参与者的信心受到打击，实体
资本的预期收益减少。第二，经济实体的投资需求减少和创新能力
下降。金融体系受到破坏，融资成本增加，投资能力下降，从而降
低投资需求和创新能力。第三，资本价格下降。金融不稳定会导致
资产价格的下降，进而导致经济实体资产价值的下降。

衍生金融工具、金融市场不稳定以及二者交互作用衍生出来
的金融风险传导机制可以简要地表示为：衍生金融工具的虚拟性
和过度投机引发经济泡沫→不确定性使得金融市场失衡→金融市
场不稳定通过银行系统以及非金融行业传导风险→风险的加剧进
一步冲击实体经济。这种状况不断加剧、循环，导致风险逐渐放
大并迅速传导。

（三）公允价值计量与风险传导

由于衍生金融工具具有虚拟性、合约性、杠杆性，采用历史成
本作为计量属性已不能公允、准确地计量该项资产或负债的真实价
值，不能为报表使用者提供有效的会计信息，因此只有公允价值才
能作为衍生金融工具的主导计量属性。关于这一点，国际会计界已
经基本达成了共识：国际会计准则委员会指出只有公允价值才是衍
生金融工具唯一可行的计量属性；美国财务会计准则规定公允价值
对金融工具来说是最相关的计量属性，而对衍生金融工具来说可能
是唯一相关的计量属性；中国会计准则也肯定了衍生金融工具计量

中公允价值的计量属性地位。

然而，公允价值的大量运用，将使金融市场内在的波动性渗透到整个经济系统，从而可能带来系统风险（王守海、孙文刚、李云，2009）。虽然公允价值不是导致金融危机的主要原因之一，但是会计本身具有很强的经济后果（Zeff，1978；等等）。公允价值在金融危机期间的应用给金融市场的稳定带来不利影响：一方面，在缺乏流动性的市场中无论是会计人员还是投资者对衍生金融工具的估价和风险评估都面临很大的挑战；另一方面，在金融危机所产生的金融市场波动中，公允价值在金融加速器和资产市场混响效应的推动下，进一步加剧了金融危机。

公允价值计量对风险传导的影响表现在以下两个方面：第一，使用公允价值对公司衍生金融工具资产进行短期估价，并且将公允价值的变动体现在财务报表中，从而在报表中引入更多的不确定性和波动；第二，在报表中引入公允价值的波动，市场参与者的非理性行动导致金融市场的剧烈波动，而金融市场的剧烈波动又将渗入整个经济系统，导致风险被放大与传播。

四　衍生金融工具风险的治理机制

（一）衍生金融工具风险的外部治理

1. 政府监管

衍生金融工具交易的政府监管是指各国通过立法或法律授权，由专门机构对衍生金融交易市场和交易行为进行监督与管理。政府监管具有强制性和全面性。无论在以英国为代表的一元监管模式、以日本为代表的二元监管模式中，还是在以美国为代表的三元监管模式中，政府监管都处于重要地位。政府对衍生金融工具市场和交易行为进行监管的重要手段是立法或法律授权。其主要内容有：制定衍生金融交易法律法规，颁布衍生金融交易监管条例；管理和监督交易所的行为；对市场参与者实行宏观管理；制定仲裁和索赔处理总规则等。

2. 市场监管

市场监管主要包括行业协会自律管理和交易所自我管理。行业协会的自律管理，主要是指衍生金融工具行业协会为保证衍生金融市场良性运行而实施的一系列自我管理、自我服务、自我监督的措施。任何一个国家的政府监管机构都受制于人力与财力，无法单凭一己之力有效规范衍生金融市场。因此，自律功能是规范衍生金融工具市场运作必不可少的一个环节，也是对衍生金融工具交易活动实施有效监管的一道重要防线。衍生金融工具行业协会对市场管理的主要内容有：制定行业协会宗旨，强化职业道德规范；负责会员的资格审查和登记工作；监管已登记注册会员的经营情况；调解纠纷、协调会员关系；实施宣传教育计划、普及衍生金融工具知识等。

交易所的自我管理是指交易所通过制定各种规则来规范衍生金融工具的交易活动。交易所的自我管理是整个衍生金融市场监管的核心内容，它在保护市场竞争性、高效性和流动性方面有着极其重要的地位。交易所自我管理的内容主要有：对交易所会员和业务的管理；对交易所交易规则的管理；建立健全交易所的财务保障体系；对衍生金融交易活动的信息披露等。

3. 审计监督

"安然事件"中外部审计的严重缺位引发了广泛的反思，作为对"安然事件"的重要回应，美国的"萨班斯·奥克斯利法案"

特别强调了强化外部审计师的独立性和提高审计质量的重要性。由于衍生金融工具的特殊性，衍生金融工具的确认、计量和披露都具有复杂性并伴随着会计的职业判断。特别是衍生金融工具有独特的表外交易特征，如果不将表外业务放到表内来加以披露，投资人很难发现企业隐藏的巨大风险；只有加以披露，才能保证监管部门和投资者时刻了解公司的交易活动。因此，作为公司财务报告重要外部监督主体的审计监督，其独立管理的特性、与企业相关人无利益纠葛的特点，保证了监督的客观性，同时审计监督的专业特长更利于其敏锐地发现问题，应在衍生金融工具核算和风险监管方面发挥其应有的作用。

各国也注意到审计监督对衍生金融工具风险管理的重要性，先后发布了与衍生金融工具业务相关的审计准则。2000 年，美国审计准则委员会（Auditing Standards Board，ASB）公布了《审计准则公告第 92 号——衍生金融工具、套期活动和有价证券审计》（简称"SAS NO. 92"），取代《审计准则公告第 81 号——投资审计》成为规范衍生金融工具审计的指南，同时颁布的还有 SAS NO. 92 的解释说明文件；2001 年，国际审计实务委员会（2002 年后更名为"国际审计与鉴证准则委员会"）颁布《审计实务公告 1012 号——衍生金融工具审计》（简称"IAPS1012"）；中国注册会计师协会审计准则委员会（Auditing Standards Commission，ASC）于 2006 年 2 月颁布《中国注册会计师审计准则第 1632 号——衍生金融工具的审计》以及指南。

（二）衍生金融工具风险的内部治理

衍生金融工具风险的内部治理主要是指从事衍生金融交易的上市公司建立的由董事会、高层管理部门和风险管理部门组成的风险管理系统，制定和完善合理的业务风险管理制度，实施全面的内部控制和内部审计，建立完善的风险识别、评估、监测、控制和信息披露制度，尽可能控制衍生金融交易可能遇到的各类风险。随着衍生金融工具运用风险的加大，各国对衍生金融工具的风险管理及内部控制给予了极大的关注，并发布了一系列指南。

1993 年 7 月，三十国集团（G30）全球性衍生金融工具研究小组发布有关衍生金融工具风险管理的全面性报告书《衍生金融工具：实务与准则》，基于会计视角的衍生金融工具风险监控规定的主要内容包括：第一，定期、持续地以逐日结算评估衍生金融工具交易；第二，预测衍生金融工具交易的现金流量；第三，严格遵守企业事先设定的风险限额以及监管衍生金融工具交易的部门应具有独立性等。

1994 年 7 月，巴塞尔银行监管委员会（BCBS）发布了《衍生产品风险管理指引》，为衍生金融工具的风险管理提供了指南。该指引提出衍生产品风险管理的三项基本原则：第一，董事会成员和高级管理人员的适当监督；第二，充分的风险管理程序，包括审慎的风险限额、良好的计量程序和信息系统、连续的风险监控与经常性的管理报告；第三，完备的内部控制和审计程序。

1995 年 1 月，美国反虚假财务报告委员会下属的发起人委员会发布了《衍生产品运用的内部控制问题：信息工具》。该指南指出，管理层应考虑采用发起人委员会的内部控制整体框架来评价衍生金融工具风险管理过程的适当性，并强调了在正确理解衍生金融工具及其交易的基础上建立控制制度对于充分确保运用衍生金融工具实现组织的战略和目标的必要性。

1995 年，英国银行监管委员会发布的对巴林银行事件的研究报告对于如何建立衍生工具的风险管理与内部控制机制具有重要参考

价值。中国香港地区金管局也结合巴林银行事件的教训，先后于
1994 年 12 月和 1996 年 3 月发布《金融衍生工具买卖活动风险管
理》及《衍生工具及其他交易工具的风险管理指引》，对衍生工具
的风险管理与内部控制做出了具体的规定（李明辉，2008）。

次贷危机爆发以来，美国、英国、法国、澳大利亚、加拿大、
韩国和日本等国也开始了对其本国的衍生金融工具运用及其风险管
理的进一步研究。2009 年 7 月 8 日，英国财政大臣达林公布了《改
革金融市场》白皮书；2010 年，美国推出了被称为"历史上最严
厉的金融改革法案"，加大了对衍生金融工具的监管，在资本、保
证金、报告、交易纪录和商业行为等方面对从事衍生品交易的公司
实施新的监管规定，并首次针对场外衍生品市场颁布全面的监管
规定。

五　结论与启示

本章从衍生金融工具的市场功能与风险类型理论基础出发，对
衍生金融工具运用风险的产生机制、传导机制和治理机制进行了系
统分析，深入剖析了衍生金融工具的功能所在、风险所来，以及功
能与风险的互生互动关系。

（一）衍生金融工具运用风险的产生机制

本章从衍生金融工具的本质特征、信息不对称和衍生金融工具
运用动因三个方面分析衍生金融工具风险的产生机制。从衍生金融
工具风险产生的根源看，衍生金融工具的本质属性是虚拟性，虚拟
性使衍生金融工具具有复杂性、风险性等特点，衍生金融工具的这
些天然特征使得衍生金融工具从设计之初就与风险相伴相生。从衍

生金融工具风险产生的客观条件看，在衍生金融工具市场中广泛存在信息不对称现象。包括四个方面：所有者和经营者之间存在信息不对称问题；交易者之间存在信息不对称问题；经纪机构和衍生金融工具交易者之间存在信息不对称问题；衍生金融工具交易监管者和交易者之间存在信息不对称问题。信息不对称导致道德风险和逆向选择，从而引起资源配置效率下降和风险出现。从衍生金融工具风险产生的主观条件看，在套期保值理论中，完全避险观、基差逐利观和投资组合观分别反映了风险转移、套期获利和风险收益组合三种运用衍生金融工具的目的。衍生金融工具只能转嫁风险但不能消除风险，双方交易是零和博弈的过程。上市公司作为博弈的一方，在衍生金融工具交易中往往作为终端用户，无论在信息、技术还是风险的承受能力上较之交易商都处于劣势，如若选择过度投机最终将承受巨大风险。

（二）衍生金融工具运用风险的传导机制

上市公司运用衍生金融工具的风险在衍生金融工具的外部性、金融市场的稳定性和会计公允价值计量属性三重作用的影响下形成了风险的迅速传导机制。从风险传导的范围看，由于衍生金融工具的外部性（主要是负的外部性），衍生金融工具过度投机引发的金融风险通过传染效应和多米诺骨牌效应从市场的直接参与者向信息使用者甚至整个经济系统迅速传导；从风险传导的路径看，根据金融市场不稳定假说，衍生金融工具、金融市场不稳定以及二者交互作用衍生出来的金融风险传导路径可以表示为：衍生金融工具的虚拟性和过度投机引发经济泡沫→不确定性使得金融市场失衡→金融市场不稳定通过银行系统以及非金融行业传导风险→风险的加剧进一步冲击实体经济。这种状况不断加剧、循环，导致风险逐渐放大并迅速传导；从风险传导的会计媒介看，运用公允价值计量属性对公司衍生金融工具资产进行短期估价，并且将公允价值的变动体现在财务报表中，从而在报表中引入更多的不确定性和波动。这些不确定性和波动，通过市场参与者的非理性行动又导致金融市场的剧烈波动，而金融市场的剧烈波动又将渗入整个经济系统，导致风险的放大与传播。

（三）衍生金融工具运用风险的治理机制

从对衍生金融工具风险的分类考察中发现，衍生金融工具运用风险是由市场风险、信用风险、流动性风险、操作风险、法律风险等诸多风险相伴产生、相互作用形成的风险体系。因此，衍生金融工具的风险治理是一个复杂的问题，包括外部治理和内部治理。外部治理主要由政府监管、市场监管和审计监督构成，内部治理主要由董事会、高层管理部门和风险管理部门组成的风险管理系统，制定和完善合理的业务风险管理制度，实施全面的内部控制和内部审计，建立完善的风险识别、评估、监测、控制和信息披露制度。本质上讲，外部治理是以竞争为主线的外在制度安排，其治理载体是市场环境；内部治理是以产权为主线的内在制度安排，其治理载体是公司本身。衍生金融工具风险管理应通过"竞争"与"产权"这两条主线，构建由"外部治理"与"内部治理"组成的衍生金融工具风险管理体系，促进利益相关者"竞合关系"的形成，降低衍生金融工具运用风险，实现公司价值的最大化，从而提高风险治理效率。

第四章
运用衍生金融工具的
上市公司特征分析

现阶段中国衍生金融工具市场发展迅速，从国际成交量排名看，中国期货交易的整体规模已经接近发达国家的水平。从全球30家衍生品交易所交易量增速排名上看，中国大陆地区期货交易的发展趋势依然非常迅猛；从交易品种看，涉及金融远期、金融期货、金融期权和金融互换多个品种；从运用衍生金融工具的上市公司看，公司的数量不断增长、涉及行业不断增加、从大型公司不断向中小型公司扩展。

为了对中国运用衍生金融工具的上市公司特征进行分析，本书选择2007～2009年运用衍生金融工具的非金融类上市公司作为研究样本，从运用衍生金融工具的上市公司的行业分布、规模特征、偿债能力、成长性等方面进行比较。

一 运用衍生金融工具上市公司的行业分布

按照证监会行业划分标准，对2007～2009年中国非金融类上市公司运用衍生金融工具的情况进行整理，行业分布情况如表4-1所示。

表 4 – 1 按照证监会行业分类标准对运用衍生金融工具的
非金融类上市公司的分类

单位：家，%

行业分类	全样本		2007 年		2008 年		2009 年	
	公司数量	占比	公司数量	占比	公司数量	占比	公司数量	占比
A. 农、林、牧、渔业	7	4.05	0	0	3	4.69	4	3.92
B. 采掘业	14	6.31	3	5.36	6	9.38	5	4.90
C. 制造业 C0 食品、饮料	9	1.35	1	1.79	2	3.13	6	5.88
C1 纺织、服装、皮毛	6	2.70	1	1.79	1	1.56	4	3.92
C2 木材、家具	0	0	0	0	0	0	0	0
C3 造纸、印刷	6	2.70	2	3.57	2	3.13	2	1.96
C4 石油、化学、塑胶、塑料	11	4.95	2	3.57	4	6.25	5	4.90
C5 电子	15	6.76	4	7.14	3	4.69	8	7.84
C6 金属、非金属	36	16.22	13	23.21	10	15.63	13	12.75
C7 机械、设备、仪表	34	15.32	6	10.71	11	17.19	17	16.67
C8 医药、生物制药	4	1.80	1	1.79	2	3.13	1	0.98
C9 其他制造业	6	2.70	1	1.79	1	1.56	4	3.92
D. 电力、煤气及水的生产和供应业	12	5.41	4	7.14	4	6.25	4	3.92
E. 建筑业	4	1.80	1	1.79	2	3.13	1	0.98
F. 交通运输、仓储业	20	9.01	7	12.5	6	9.38	7	6.86
G. 信息技术业	15	6.76	5	8.93	2	3.13	8	7.84
H. 批发和零售贸易业	12	5.41	3	5.36	4	6.25	5	4.90
J. 房地产业	5	2.25	2	3.57	0	0.00	3	2.94
K. 社会服务业	0	0	0	0	0	0	0	0
L. 传播与文化产业	0	0	0	0	0	0	0	0
M. 综合类	6	2.70	0	0	1	1.56	5	4.90
合 计	222	100	56	100	64	100	102	100

表 4 – 1 显示，2007 ~ 2009 年运用衍生金融工具的上市公司涵
盖了除木材、家具制造业，社会服务业，传播与文化产业以外的所

有行业。金属、非金属制造业中运用衍生金融工具的上市公司最多，达到 36 家，占全部样本的 16.22%；其次是机械、设备、仪表制造业和交通运输、仓储业，分别有 34 家和 20 家，分别占全部样本的 15.32% 和 9.01%。从各年运用衍生金融工具的上市公司来看，从 2007 年到 2009 年运用衍生金融工具的非金融上市公司逐年增加，2007 年只有 56 家，2008 年增长到 64 家，2009 年猛增到 102 家，几乎相当于 2007 年的 2 倍。从各年运用衍生金融工具上市公司所属行业来看，2007 年，排在前三名的行业分别为金属、非金属制造业，交通运输、仓储业，机械、设备、仪表制造业，分别占当年样本的 23.21%、12.5% 和 10.71%；2008 年，排在前三名的行业与 2007 年基本相同，但是排列顺序稍有变化，第一名为机械、设备、仪表制造业，金属、非金属制造业退居第二名，采掘业和交通运输、仓储业并列第三，分别占当年样本的 17.19%、15.63% 和 9.38%；2009 年，排在前三名的行业与 2007 年和 2008 年基本相同，分别为机械、设备、仪表制造业，金属、非金属制造业，电子制造业和交通运输、仓储业，其中机械、设备、仪表制造业的上市公司运用衍生金融工具的数目从 2008 年的 11 家增长到 2009 年的 17 家，占当年样本公司的 16.67%。

为了进一步说明运用衍生金融工具的上市公司的行业特征，本书借鉴姜付秀和刘志彪（2005）的行业划分方法，以 GDP 增长率作为全部产业的平均增长率，根据各产业增长率与全部产业增长率的比较，将全部产业划分为成长性产业、成熟性产业和衰退性产业，具体如表 4-2 所示。

本书对 2007~2009 年中国运用衍生金融工具的上市公司按增长率分类法进行了进一步分类，如表 4-3 所示。

表 4 - 2　上市公司行业的增长率分类

产业性质	行业名称
成长性产业	电子制造业,医药与生物制药制造业,电力、煤气及水的生产和供应业,交通运输、仓储业,房地产业,传播与文化产业
成熟性产业	采掘业,食品、饮料制造业,木材、家具制造业,造纸、印刷制造业,石油、化学、塑胶、塑料制造业,金属、非金属制造业,机械、设备、仪表制造业,其他制造业,建筑业,信息技术业,批发和零售贸易业,金融业,社会服务业,综合类
衰退性产业	农、林、牧、渔业,纺织、服装、皮毛制造业

　　从表 4 - 3 可以看出,在所有运用衍生金融工具的非金融类上市公司中,68.92% 的公司来自成熟性产业。从各年情况来看,成熟性产业中运用衍生金融工具的上市公司占样本公司的比例约为70%,而且各年基本保持稳定;成长性产业中运用衍生金融工具的上市公司的比例呈逐年下降的趋势;衰退性产业中运用衍生金融工具的上市公司的比例呈逐年上升的趋势。这意味着处于成熟性产业中的上市公司面临激烈的行业竞争,公司成长与发展面临着较大的风险,公司更倾向于运用衍生金融工具管理风险。

表 4 - 3　按增长率分类的运用衍生金融工具上市公司的行业分布

单位:家,%

产业性质	全样本		2007 年		2008 年		2009 年	
	数量	占比	数量	占比	数量	占比	数量	占比
成长性产业	56	25.23	18	32.14	15	23.44	23	22.55
成熟性产业	153	68.92	37	66.07	45	70.31	71	69.61
衰退性产业	13	5.86	1	1.79	4	6.25	8	7.84
合　计	222	100	56	100	64	100	102	100

二 运用衍生金融工具上市公司的规模特征

（一）运用衍生金融工具上市公司的总资产规模

从表 4 - 4 中的 A 栏可以看出，运用衍生金融工具的上市公司总资产均值为 3743652. 51 万元，中位数为 855351. 92 万元，75% 分位数为 2658138 万元；公司净资产的均值为 1559698. 21 万元，中位数为 303106. 43 万元，75% 分位数为 1075530. 92 万元；公司营业收入的均值为 3644495. 32 万元，中位数为 540979. 41 万元，75% 分位数为 2060829. 89 万元。

从表 4 - 4 中的 B 栏可以看出，2007 年，运用衍生金融工具的上市公司总资产均值为 4624963. 76 万元，中位数为 1203593 万元，75% 分位数为 3713997 万元；公司净资产的均值为 2029228. 74 万元，中位数为 409676. 1 万元，75% 分位数为 1424035 万元；公司营业收入的均值为 4772902. 05 万元，中位数为 876582. 7 万元，75% 分位数为 3856027 万元。2008 年，运用衍生金融工具的上市公司总资产均值为 4196290. 01 万元，中位数为 1082037. 30 万元，75% 分位数为 2857072. 18 万元；公司净资产的均值为 1858400. 21 万元，中位数为 365847. 91 万元，75% 分位数为 1408473. 67 万元；公司营业收入的均值为 4406775. 77 万元，中位数为 657254. 19 万元，75% 分位数为 2780851. 70 万元。2009 年，运用衍生金融工具的上市公司总资产均值为 2975787. 51 万元，中位数为 533151. 20 万元，75% 分位数为 2022229. 03 万元；公司净资产的均值为 1114495. 89 万元，中位数为 218285. 22 万元，75% 分位数为 832061. 54 万元；公司营业收入的均值为 2546684. 28 万元，中位数为 387681. 29 万元，75% 分位数为 1478687. 71 万元。

表4－4　运用衍生金融工具的上市公司规模特征的描述性统计

单位：元

A栏：所有运用衍生金融工具样本公司

样本组	项目	样本数（家）	最小值	最大值	均值	标准差	25%分位数	50%分位数	75%分位数
全样本	总资产	222	4.34E+08	8.66E+11	3.74E+10	8.66E+11	2.62E+09	8.55E+09	2.66E+10
	净资产	222	-1.2E+09	4.01E+11	1.56E+10	4.01E+11	1.24E+09	3.03E+09	1.08E+10
	营业收入	222	1.07E+08	1.45E+12	3.64E+10	1.45E+12	1.83E+09	5.41E+09	2.06E+10

B栏：按年份分类的样本公司

样本组	项目	样本数（家）	最小值	最大值	均值	标准差	25%分位数	50%分位数	75%分位数
2007年	总资产	56	5.36E+08	7.19E+11	4.62E+10	1.06E+11	3.99E+09	1.2E+10	3.71E+10
	净资产	56	-6.2E+08	3.26E+11	2.03E+10	4.98E+10	1.43E+09	4.1E+09	1.42E+10
	营业收入	56	5.42E+08	1.2E+12	4.77E+10	1.63E+11	3.74E+09	8.77E+09	3.86E+10
2008年	总资产	64	4.34E+08	7.52E+11	4.2E+10	1.04E+11	2.85E+09	1.08E+10	2.86E+10
	净资产	64	-7E+08	3.51E+11	1.86E+10	5.02E+10	1.27E+09	3.66E+09	1.41E+10
	营业收入	64	2.79E+08	1.45E+12	4.41E+10	1.82E+11	2.76E+09	6.57E+09	2.78E+10
2009年	总资产	102	4.35E+08	8.66E+11	2.98E+10	9.27E+10	2.43E+09	5.33E+09	2.02E+10
	净资产	102	-1.2E+09	4.01E+11	1.11E+10	4.12E+10	1.06E+09	2.18E+09	8.32E+09
	营业收入	102	1.07E+08	1.35E+12	2.55E+10	1.34E+11	1.4E+09	3.88E+09	1.48E+10

　　表 4 - 5 统计了 222 家运用衍生金融工具的上市公司的总资产分布。从 A 栏可以看出，有 10 家公司的总资产为 10 亿元以下，属于小型公司；有 23 家公司的总资产为 10 亿 ~ 20 亿元，属于中型公司；有 189 家公司的总资产为 20 亿元以上，占总体的 85.14%，属于大型公司。从 B 栏可以看出，不同年份八成以上公司的资产规模都为 20 亿元以上，属于大型公司，同时运用衍生金融工具的中型公司逐年增加，从 2007 年的 4 家，占当年运用衍生金融工具上市公司样本总数的 7.14%，上升至 2009 年的 14 家，占当年运用衍生金融工具上市公司样本总数的 13.73%。

表 4 - 5　运用衍生金融工具的上市公司的总资产分布

单位：家，%

A 栏：所有运用衍生金融工具的上市公司样本				
样本组	总资产规模	10 亿元以下	10 亿 ~ 20 亿元	20 亿元以上	合计
全样本	公司数	10	23	189	222
	占比	4.50	10.36	85.14	100
B 栏：按年份划分的运用衍生金融工具的上市公司样本				
样本组	总资产规模	10 亿元以下	10 亿 ~ 20 亿元	20 亿元以上	合计
2007 年	公司数	3	4	49	56
	占比	5.36	7.14	87.50	100
2008 年	公司数	3	5	56	64
	占比	4.69	7.81	87.50	100
2009 年	公司数	4	14	84	102
	占比	3.92	13.73	82.35	100

　　为了进一步了解 2007 ~ 2009 年运用衍生金融工具上市公司总资产的变化情况，图 4 - 1 列示了运用衍生金融工具的上市公司 2007 ~ 2009 年总资产的均值、中位数、25% 分位数和

75%分位数的变化趋势。可以发现，运用衍生金融工具上市公司总资产均值、中位数、25%分位数和75%分位数都在逐年下降。

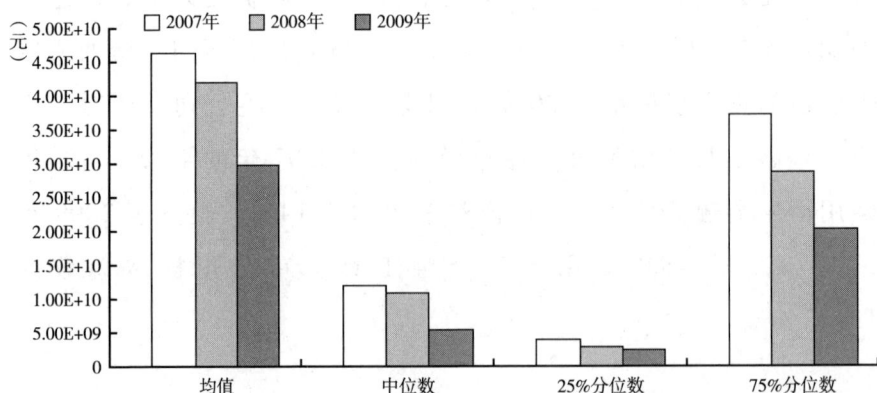

图4－1 运用衍生金融工具上市公司总资产变化趋势

（二）运用衍生金融工具上市公司的净资产规模

表4－6统计了222家运用衍生金融工具的上市公司的净资产分布。从A栏可以看出，有10家公司的净资产为4亿元以下，属于小型公司，特别值得注意的是其中有5家公司的净资产小于0；有23家公司的净资产为4亿~8亿元，属于中型公司；有189家公司的净资产为8亿元以上，占总体的85.14%，属于大型公司。从B栏可以看出，不同年份八成以上公司的净资产规模都为8亿元以上，属于大型公司，但是占比在逐年下降，从2007年的87.50%下降到2009年的83.33%，同时占比逐年下降的还有小型公司。运用衍生金融工具的中型上市公司逐年增加，从2007年的3家，占当年运用衍生金融工具上市公司样本总数的5.36%，上升至2009年的14家，占当年运用衍生金融工具上市公司样本总

数的 13.73%。另外,2007 年,运用衍生金融工具的上市公司中净资产小于 0 的上市公司数量为 2 家,占当年上市公司样本总数的 3.57%;2008 年,运用衍生金融工具的上市公司中净资产小于 0 的上市公司数量为 2 家,占当年上市公司样本总数的 3.13%;2009 年,运用衍生金融工具的上市公司中净资产小于 0 的上市公司数量为 1 家,占当年上市公司样本总数的 0.98%,占比也在逐年下降。

表 4 - 6 运用衍生金融工具公司的净资产分布

单位:家,%

A 栏:所有运用衍生金融工具公司样本				
样本组	净资产规模	4 亿元以下	4 亿~8 亿元	8 亿元以上	合计
全样本	公司数	10	23	189	222
	占比	4.50	10.36	85.14	100
B 栏:所有运用衍生金融工具公司样本				
样本组	净资产规模	4 亿元以下	4 亿~8 亿元	8 亿元以上	合计
2007 年	公司数	4	3	49	56
	占比	7.14	5.36	87.50	100
2008 年	公司数	3	6	55	64
	占比	4.69	9.38	85.94	100
2009 年	公司数	3	14	85	102
	占比	2.94	13.73	83.33	100

图 4 - 2 列示了 2007 ~ 2009 年运用衍生金融工具的上市公司的净资产变化情况。与总资产变化趋势相同,2007 ~ 2009 年,运用衍生金融工具的上市公司净资产的均值、中位数、25% 分位数和 75% 分位数都在逐年下降,而且 2009 年的净资产均值下降比例较大。

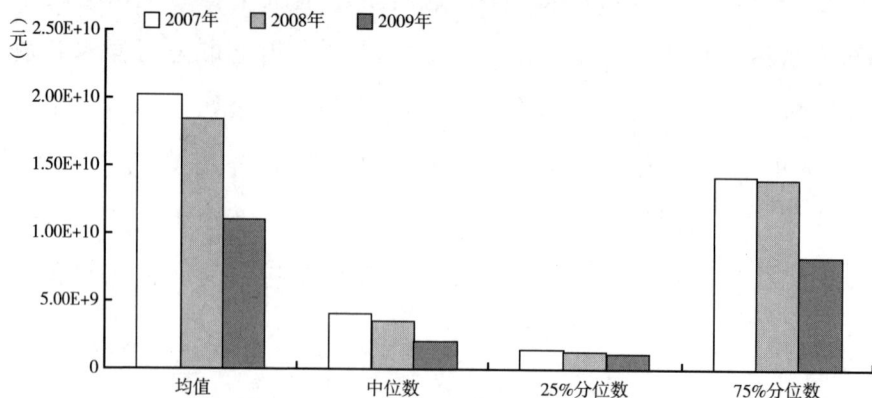

图 4 - 2　运用衍生金融工具的上市公司的净资产变化趋势

（三）运用衍生金融工具的上市公司的营业收入规模

表 4 - 7 统计了 222 家运用衍生金融工具的上市公司的营业收入分布。从 A 栏可以看出，有 8 家公司的营业收入为 5 亿元以下，占总体的 3.60%，属于小型公司；有 52 家公司的营业收入为 5 亿～20 亿元，占总体的 23.42%，属于中型公司；有 162 家公司的营业收入为 20 亿元以上，占总体的 72.97%，属于大型公司。从 B 栏可以看出，不同年份七成左右公司的营业收入为 20 亿元以上，属于大型公司。同时，运用衍生金融工具的中型上市公司增长迅猛，从 2007 年的 11 家，占当年运用衍生金融工具上市公司样本总数的 19.64%，上升至 2009 年的 32 家，占当年运用衍生金融工具上市公司样本总数的 31.37%。

图 4 - 3 列示了 2007～2009 年运用衍生金融工具的上市公司的营业收入变化情况，与总资产、净资产的变化趋势相同，

2007~2009年，运用衍生金融工具上市公司的营业收入的均值、中位数、25%分位数和75%分位数也呈逐年下降趋势。

表 4-7 运用衍生金融工具公司的营业收入分布

单位：家，%

A栏:所有运用衍生金融工具公司样本					
样本组	营业收入规模	5亿元以下	5亿~20亿元	20亿元以上	合计
全样本	公司数	8	52	162	222
	占比	3.60	23.42	72.97	100
B栏:按年份分类的运用衍生金融工具的上市公司样本					
样本组	营业收入规模	5亿元以下	5亿~20亿元	20亿元以上	合计
2007年	公司数	0	11	45	56
	占比	0	19.64	80.36	100
2008年	公司家数	3	11	50	64
	占比	4.69	17.19	78.13	100
2009年	公司数	5	32	67	102
	占比	4.90	31.37	65.69	100

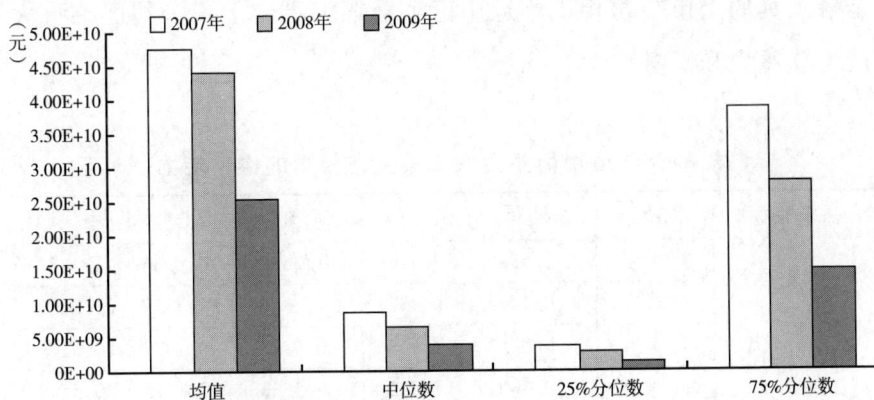

图 4-3 运用衍生金融工具的上市公司的营业收入变化趋势

综上所述，不管是采用总资产、净资产，还是营业收入作为计量公司规模的代理变量，中国运用衍生金融工具的上市公司呈现出一个规模特征：现阶段大多数运用衍生金融工具的公司属于大型上市公司，运用衍生金融工具的中型公司增长幅度很大。

三　运用衍生金融工具上市公司的偿债能力

如表 4 - 8 所示，从短期偿债压力水平看，运用衍生金融工具的上市公司流动比率的均值为 1.2605，中位数为 1.1432，未运用衍生金融工具的上市公司流动比率的均值为 1.1846，中位数为 1.0512。从长期偿债压力水平看，运用衍生金融工具的上市公司资产负债率的均值为 0.5733，中位数为 0.5749；未运用衍生金融工具的上市公司资产负债率的均值为 0.5533，中位数为 0.5598。从偿还能力看，运用衍生金融工具的上市公司利息保障倍数的均值为 11.6852，中位数为 3.7819；未运用衍生金融工具的上市公司利息保障倍数的均值为 12.5564，中位数为 4.6573。可见与未运用衍生金融工具的上市公司相比，运用衍生金融工具的上市公司面临更大的偿债压力和财务成本。

表 4 - 8　运用衍生金融工具上市公司的偿债能力

主要指标	组别	最小值	最大值	均值	标准差	中位数
流动比率	样本组	0.1848	7.4167	1.2605	0.8966	1.1432
	配对组	0.1454	6.1321	1.1846	0.7379	1.0512
资产负债率	样本组	0.0752	1.4486	0.5733	0.1929	0.5749
	配对组	0.1001	1.2228	0.5533	0.1713	0.5598
利息保障倍数	样本组	- 19.0840	409.4288	11.6852	42.9890	3.7819
	配对组	- 16.1045	234.8171	12.5564	28.0630	4.6573

四　运用衍生金融工具上市公司的成长性

如表4-9所示，运用衍生金融工具的上市公司的营业利润增长率均值为0.3166，中位数为0.0224，未运用衍生金融工具上市公司的营业利润增长率均值为-0.3567，中位数为0.0011，说明运用衍生金融工具的上市公司的短期成长性显著高于未运用衍生金融工具的上市公司。运用衍生金融工具的上市公司的托宾Q均值为1.3546，中位数为1.1971；未运用衍生金融工具的上市公司的托宾Q均值为1.3764，中位数为1.1669，说明运用衍生金融工具的上市公司的长期成长性低于未运用衍生金融工具上市公司。

表4-9　运用衍生金融工具上市公司的成长性

主要变量	组别	最小值	最大值	均值	标准差	中位数
营业利润增长率	样本组	-11.2761	38.5127	0.3166	3.9736	0.0224
	配对组	-31.5873	30.9488	-0.3567	4.0471	0.0011
托宾Q	样本组	0.7655	3.159	1.3546	0.5405	1.1971
	配对组	0.3681	3.6682	1.3764	0.5382	1.1669

五　结论与启示

本章以中国2007~2009年运用衍生金融工具的非金融类上市公司为样本，根据同行业、同规模、同时期的原则，为2007~2009年运用衍生金融工具的上市公司选择相应的未运用衍生金融工具的上市公司作为配对样本公司，对运用衍生金融工具的上市公司特征进行分析，得出以下结论。

第一，从公司的行业分布看，中国运用衍生金融工具的上市公司行业分布广泛且集中于成熟性产业。统计结果显示，2007~2009年运用衍生金融工具的上市公司涵盖了除木材、家具制造业，社会服务业，传播与文化产业以外的所有产业，且70%左右集中在成熟性行业。

第二，从公司的规模分布看，现阶段大多数运用衍生金融工具的公司属于大型上市公司，公司规模较大但数目呈逐年下降趋势。统计结果显示，不管是采用总资产、净资产，还是采用营业收入作为计量公司规模的代理变量，现阶段大多数运用衍生金融工具的公司属于大型上市公司，并且运用衍生金融工具的中型公司增长幅度很大。

第三，从公司偿债能力看，无论是短期偿债能力，还是长期偿债能力，与未运用衍生金融工具的上市公司相比，运用衍生金融工具的上市公司面临更大的偿债压力和财务成本。

第四，在公司成长能力方面，从短期成长性来看，运用衍生金融工具的上市公司的短期成长性高于未运用衍生金融工具的上市公司；从长期成长性来看，运用衍生金融工具的上市公司的长期成长性低于未运用衍生金融工具的上市公司。

第五章
上市公司运用衍生金融
工具的风险效应

为了规避因利率、汇率、价格等不可预见的波动给企业带来的风险，衍生金融工具应运而生。从诞生至今，衍生金融工具以令人惊讶的速度蓬勃发展，不但显著地提高了整个金融市场的经营效率和活力，也成为企业规避未来风险的有力武器。然而，衍生金融工具是一把"双刃剑"，它虽然有利于企业规避由于不确定性而产生的利率、汇率、价格等波动所带来的风险，但衍生金融工具的虚拟性、杠杆性、复杂性也可能使企业陷入巨大的风险之中。尤其是席卷全球的金融危机让中国企业也难独善其身，部分企业在金融衍生品交易中损失惨重。在这样的背景下，对企业运用衍生金融工具的效果判断就显得非常重要：如果运用衍生金融工具可以达到预定的理想效果，中国在企业层面研究具体运用策略，以让衍生金融工具在降低企业风险、提高企业价值方面发挥独特作用才有必要；在监管层面研究相关的监管规则将企业风险控制在能够接受的范围内令其健康发展的政策目标才有依据；金融市场设计者研究如何有次序地逐步推进中国衍生金融工具创新，满足各类投资主体的需求才有支撑。因此，对上市公司运用衍生金融工具的风险效应实证研究，实际上是上述工作的逻辑支点。

一 理论分析与研究假说

企业使用衍生金融工具进行风险管理的效应如何，能否达到企业使用衍生金融工具的初衷，显著降低企业的风险，一直是实务界关注的焦点。学术界对衍生金融工具运用的效应研究集中在两个方面：一是上市公司运用衍生金融工具能否增加公司价值；二是上市公司运用衍生金融工具能否降低公司风险。

（一）衍生金融工具的运用与公司价值

1. 研究公司运用金融衍生工具的动机，进而推测运用衍生金融工具对公司价值的影响

这部分研究以 MM 理论为依据，从资本市场的不完全性出发，研究影响企业使用衍生金融工具的因素，进而推测衍生金融工具的运用对公司价值的影响，并形成了两种截然相反的观点。一是运用衍生金融工具可以提高公司价值。持该观点的学者认为公司运用衍生金融工具可以通过减少税收成本、降低财务困境成本、缓解外部融资压力以及避免投资不足带来的损失等方式改变公司现金流量，进而影响公司财务状况和政策，最终提高公司价值。二是运用衍生金融工具不但不能提高公司价值，反而会降低公司价值。持该观点的学者以委托代理理论以及管理层自利动机为依据，分析认为如果企业的委托代理成本很高，管理人员很可能以风险管理为名行自利动机之实而使用衍生金融工具，这将明显增加代理成本、降低公司价值。

2. 对衍生金融工具与公司价值关系的直接检验

Allayannis、Ihrig 和 Weston（2001）采用托宾 Q 值作为公司价

值的替代变量来研究外汇衍生金融工具运用与公司价值的关系，通过调查 1990～1995 年 720 家不同行业的大型美国非金融公司（资产总额大于 5 亿），检查了外汇衍生品套期保值对公司价值（Tobin's Q）的影响，研究表明运用外汇衍生金融工具进行套期保值与 Tobin's Q 呈正相关关系，套期保值可以提高公司价值，平均可以提高 4.87%，由此说明运用衍生金融工具可以提升公司价值。

Carter、Rogers 和 Simkins（2004）对美国航空业公司 1992～2003 年的飞机燃油套期保值与公司价值进行研究，发现针对飞机燃油的套期保值活动与公司价值呈正相关关系。套期保值活动对公司价值的提高来自由于缓解投资不足而导致的资本成本降低。

当然也有许多学者持相反的意见，Guay 和 Kothari（2003）采用了 234 家美国非金融的大型公司进行研究，发现套期保值对公司价值的影响微乎其微。Jin 和 Jorion（2004）对 Allayannis、Ihrig 和 Weston（2001）的研究结论提出质疑，他们认为 Allayannis、Ihrig 和 Weston（2001）的研究对套期保值与公司价值的内生性以及样本公司风险暴露的变化没有给予足够的考虑。他们将石油和天然气公司作为研究样本，考察衍生金融工具的运用与公司价值的关系，研究结果显示运用衍生金融工具进行套期保值对公司价值的提高作用微乎其微。

对于衍生金融工具的运用与公司价值的关系，国内学者也相继进行了研究，并取得了一些初步成果。陈炜、沈群（2008）选取了深沪两市有色金属加工或生产行业的所有上市公司 2003 年、2004 年和 2005 年 111 个可观察样本的相关数据作为研究样本，以 ROE 作为公司业绩的替代变量，以托宾 Q 值作为公司价值的替代变量，就上市公司使用衍生产品对公司价值的影响进行了实证研究。研究结果表明，目前中国上市公司使用衍生金融工具并不能提高公司业绩，反而对公司的业绩存在负面影响；但是使用衍生金融工具能够提高公司价值。这个结果证明了公司使用衍生产品并不是通过提高公司经营业绩来提高公司价值，而是通过衍生产品消除公司收入的波动性而获得节约税收、降低公司财务困境成本和避免"投资不足"的好处，从而提高公司价值。

贾炜莹、陈宝峰（2009）以中国 2007 年非金融行业上市公司为研究对象，研究公司运用衍生金融工具对公司价值和业绩的影响。结果表明，衍生金融工具运用对公司价值及公司业绩的影响性质不同。上市公司运用衍生金融工具进行风险管理对于公司业绩的提高具有正效应，但并未被投资者认可，对公司价值具有微弱的负面作用。

邵秋琪（2009）选取 2006 年 12 月 31 日前上市的 7 家商业银行作为研究样本探讨衍生金融工具运用与银行业绩及公司价值之间的关系。结果表明运用衍生金融工具较多的上市银行，其托宾 Q 值也较大，运用衍生金融工具较少的上市银行，其托宾 Q 值也较小，从而证明银行运用衍生金融工具可以提高公司价值。

斯文（2013）以中国制造业上市公司 2007～2011 年共计 3105 组数据为样本，通过非平衡面板数据模型考察了运用外汇衍生品对冲汇率风险的企业价值效应。实证结果表明，对冲汇率风险能够给企业价值带来平均 19% 的溢价规模，进一步的研究则显示这种溢价效应与汇率风险暴露程度正相关。

程玲莎（2016）基于中国上市公司 2007～2013 年的财务数据，研究公司治理对管理者使用衍生金融工具的影响。实证结果表明，公司治理对管理者使用衍生金融工具的动机存在重要影响，公司治理水平越高，管理者越倾向于利用衍生金融工具避免财务困境风险；在相反的情况下，管理者越倾向于利用衍生金融工具规避薪酬风险。研究还发现，公司治理的作用机制会受到所有权性质的影响，国有属性会弱化公司治理效应，对衍生金融工具交易的政策监管差异是重要原因。

（二）衍生金融工具的运用与企业风险

对衍生金融工具运用与企业风险的研究可谓凤毛麟角，Gay（1998）以 254 家新使用衍生金融工具的非金融公司为研究样本，运用不同的风险衡量方法对公司运用衍生金融工具后的风险水平进行考察，结果显示在公司开始运用衍生金融工具的一段时间内风险水平显著下降，且公司选择的衍生金融工具种类与其面临的风险相匹配。Hentschela 和 Kothari（2001）以美国 425 家大公司为研究对象，研究公司运用衍生金融工具是为了规避风险还是增加风险进行研究。通过对比运用衍生金融工具的公司和未运用衍生金融工具的公司的风险特征，发现二者的风险水平并不存在显著的差异。斯文（2013）基于中国 16 家上市银行 2006～2012 年的半年度数据，通过建立非平衡面板数据模型，分别考察了整体衍生品和不同类型衍生品对银行风险承担的影响，探究了衍生品对银行事前风险和事后风险影响的差异性。实证结果显示，整体衍生品和按合约类型划分的单一衍生品均对银行风险承担产生了显著的正效应，并且从衍生品的信贷扩张效应视角阐述了内在的传导机制。

价值最大化是公司追求的终极目标，风险与收益的权衡是公司决策的前提。然而，从已有的文献中可以看出，无论是国内还是国外，学术界更多的是讨论企业行为对企业绩效或者企业价值的影响，而较少探讨企业行为可能对风险产生的影响。西方学术界对企业价值的重视及对企业风险的忽略可能是由于他们认为企业价值包含了市场对公司基本面的判断。譬如，股价既包含了业绩，也对风险给出了价格。但是，由于信息不对称以及资本市场有效性等诸多因素的影响，市场对公司所面临的风险的评估准确性有待商榷，而且诸多企业失败并非因为企业业绩不好或者说没有创造价值，而是因为企业在风险的把握和控制方面出现了问题。衍生金融工具作为风险管理的重要工具，其最直接的效应应反映在其对公司风险的影响上，即风险效应而非价值效应。在中国，资本市场还不够完善，投机气氛严重，公司股票价格中包含的对企业风险的判断信息有限。因此，对中国上市公司运用衍生金融工具的风险效应的考察更具有必要性。

理论上，公司运用衍生金融工具的目的和交易策略将影响其风险效应。根据套期保值理论，公司可以选择金融避险、选择性避险和部分避险三种交易策略进行风险转移，套期获利和投机。

上市公司为什么要运用衍生金融工具？针对这个问题学者们运用现代财务和会计理论展开了大量研究。市场有效性假设和 MM 无关理论认为会计选择是无关的，公司不存在运用衍生金融工具的动机。然而，现实中，市场并不是完美的，放松 MM 理论条件，揭示各类风险就变得昂贵，所有者、债权人、管理层等利益相关者就会出于各自的动机运用衍生金融工具来让他们自己的期望效用和（或）公司价值最大化。目前，有关中国上市公司运用衍生金融工具动因的主要观点有公司价值最大化、管理层自利和盈余管理。认为公司价值最大化是上市公司运用衍生金融工具的根本原因；管理层自利是上市公司运用衍生金融工具的直接动因。还有学者提出衍生金融工具的复杂性、创新性导致会计监管存在局限性，上市公司有机会运用衍生金融工具来进行盈余管理。

公司价值假说。这方面研究的核心问题是围绕 MM 理论展开的，相关理论都是建立在 Modigliani 和 Miller（1958）所假定的条件在某种程度上不成立。主要的理由都是资本市场的不完全性增加了股东的风险分散成本，公司通过运用衍生金融工具进行风险管理可以在整个公司的层面增加股东价值。公司运用衍生金融工具可以减少市场的财务困境、投资不足以及融资约束等各种摩擦成本，以缓解市场的不完备性。Mayers 和 Smith（1982）、Smith 和 Stulz（1985）、Nance 等（1993）等认为随着财务困境成本的增加，期望的破产成本也会增加，公司运用衍生金融工具可以降低现金流量的波动性，从而降低未来陷入财务困境的可能性，进而提高公司价值。Froot 等（1993）、Geczy 等（1997）认为外部融资成本昂贵，如果收入波动不稳定将导致内部留存收益波动，使公司放弃净现值为正的项目，进而导致投资不足。衍生金融工具的运用可以通过降低现金流量的波动性，缓解投资不足问题，进而增加公司价值。Froot 等（1993）认为外部融资（无论是负债筹资还是股权筹资）需要较高的融资成本，一旦无法支付这些成本，公司将面临财务风险。Stulz（1996）、Ross（1997）和 Leland（1998）的研究表明，衍生金融工具的运用能提高公司举债能力，从而增加公司价值。

管理层自利假说。管理层自利假说是基于委托代理理论提出的。Jensen 和 Meckling（1976）认为，管理层为追求其个人财富最大化，采取一些自利行为而偏离使股东财富最大化的运营目标，管理者与股东之间产生利益冲突，形成委托代理问题。为了降低代理成本，股东通过约束与激励的手段修正管理层的效用函数使其与公司的价值函数相协调。这种修正可以通过提高管理层持股比例和对管理层实施薪酬期权来实现。管理层持股比例越高，其所得及财富与公司的相关性越大，此时管理者会通过运用衍生金融工具来降低公司所得的波动，进而降低代理成本。Smith、Stulz（1985）认为，具有风险回避倾向的经理人，其所持有公司股权比例越高，越倾向通过避险来防止公司所得的波动。Friend 和 Hasbrouck（1988）、Friend 和 Lang（1988）认为，经理人的自利行为会影响公司的资本结构，经理人持股比例越高，其风险回避倾向越强。实证研究表明，随着过度自信水平的提高，管理者运用衍生金融工具的动机强度存在上升的趋势。同时，公司的成长性、管理者的薪酬以及管理者的持股比例也不同程度地增强了管理者运用衍生金融工具的动机强度，而自由现金流量的增加会降低管理者运用衍生金融工具的动机强度（孙叶萌、侯粲然，2015）。

盈余管理假说。大量研究表明，盈余管理的重要目之一是利润平滑（Subramanyam，1996；DeFond，Park，1997；Myers，Skinner，2002）。公司的会计盈余分为来自经营项目的现金流量和总应计利润两项（Watts，Zimmerman，1986）。因此，盈余波动与现金流量波动、应计利润波动以及后二者的关系密切相关（Morton Pincus 等，2002）。它们的关系可以用5-1方程表示：

$$\sigma_E^2 = \sigma_C^2 + \sigma_A^2 + 2\rho_{CA}\sigma_C\sigma_A \qquad (5-1)$$

其中，σ_E 表示盈余的波动，σ_C 表示现金流量的波动，σ_A 表示应计利润的波动。

因此，上市公司可以通过调整现金流量的波动程度、应计利润的波动程度以及二者之间的关系来改变会计盈余的波动程度。上市公司可以运用衍生金融工具进行风险管理降低公司现金流量的波动性，进而降低会计盈余的波动性。

通过对 2007~2009 年沪深两市 A 股上市公司年报的整理发现，根据上市公司运用衍生金融工具目的的自我表述，上市公司运用衍生金融工具的目的无一例外为"规避风险"，甚至有些公司因运用衍生金融工具而导致公司巨额亏损。

中国国航（601111）航油套保合约截至 2008 年 12 月 31 日浮亏约 68 亿元，实际交割损失 0.59 亿元，其在 2008 年年报中写道：

市场风险，是指金融工具的公允价值或未来现金流量因市场价格变动而发生波动的风险。市场风险主要包括航空油料价格风险、外汇风险和利率风险。

航空油料价格风险：本集团管理航空油料价格风险的策略旨在当航空油料价格突然及大幅上升时为本集团提供稳定航油成本的保障。为实现该等目标，本集团允许审慎利用掉期及复杂期权等经批准使用的衍生工具，在获批限额内与经批准的对手进行交易。

2009 年，中国远洋（601919）的衍生金融工具公允价值变动损失 277037897.29 元，其在 2009 年年报中写道：

本集团的金融风险包括：市场风险（包括市场运费风险、外汇风险、价格风险及利率风险）、信贷风险和流动性风险。管理层管理和监控这些风险，以确保采取及时有效的措施。本集团的整体风险管理计划针对难以预测的金融市场，并寻求降低潜在的负面因素对本集团财务所带来的风险。本集团使用衍生金融工具对冲风险。

研究表明，公司运用衍生金融工具的目的不仅仅是进行风险对冲，部分公司脱离了单纯的套期保值，参与到投机活动中以获取超额收益（刘淑莲，2009；曲琳琳、林山，2009）。刘淑莲（2009）以深南电期权合约为例，以完全避险观、基差逐利观和投资组合观为基础，分析了衍生产品使用的三种目的；结合套期保值的实践证据，探讨了衍生产品使用中套期保值和投机的关系；提出了衍生产品使用的目的不仅是进行风险对冲，而且是通过风险承担获得收益。曲琳琳、林山（2009）对2008年中央企业投资金融衍生品的情况做了统计和分析，认为从事掉期合约、结构性存款的企业，主要是对汇率和利率进行套期保值，但同时也指出中国一些企业在套保中之所以出现巨亏，原因就是这些企业脱离了单纯的套保规避风险的原则，偏离了轨道，参与到与市场对堵方向的投机活动中，以获取超额收益，因为方向判断失误而落败。

　　基于上述分析，本书提出如下研究假设：衍生金融工具是公司进行风险管理的有力武器，上市公司可以通过选择不同的衍生金融工具策略对冲风险或获取风险溢价。理论上，企业运用衍生金融工具的风险效应与其运用衍生金融工具的目的和策略密切相关。假设在不存在技术障碍的情况下，避险者运用衍生金融工具后，企业风险应当降低，而投机者运用衍生金融工具后，企业风险应当提高。实践中上市公司将其运用衍生金融工具的目的表述为"规避风险"，但是学者们又将上市公司运用衍生金融工具投资失败归结为"过度投机"。鉴于上述争议提出假设。

　　假设：中国上市公司衍生金融工具的运用与企业风险相关。

二　研究设计和样本选择

（一）研究设计

1. 变量定义

被解释变量。一般来说，衡量企业风险的变量主要有两类：其一是以市场数据为基础，其二是以会计数据为基础。前者包括股票收益的波动、贝塔系数等；后者包括会计收益的波动、负债比例等。因此，本书分别采用 β 值和剔除财务杠杆的 β 值来衡量企业的市场风险，用 Z 指数衡量企业的财务风险。

（1） β 值

β 值是通过资本资产定价模型估计而得，该模型假设各种证券报酬率与市场影响因素有关：

$$R_{i,t} = \hat{\alpha}_t + \hat{\beta}_i R_{m,t} + \varepsilon_{i,t} \tag{5-2}$$

其中，$R_{i,t}$ 表示证券 i 在时间 t 时的报酬率，$R_{m,t}$ 为市场投资组合在时间 t 的报酬率，β_i 为证券 i 的 Beta 系数估计值，$\varepsilon_{i,t}$ 为误差项。以下采用普通最小平方方法，利用个股的周收益率和上证综合指数的周收益率分别估计出不同股票的年度 β 值，记为"Beta1"。

（2） 剔除财务杠杆的 β 值

剔除财务杠杆的 β 值是基于 Hamada （1972） 对财务杠杆和系统风险关系的研究成果提出的对 β 值的调整，具体为：

$$\beta_U = \frac{\beta_L}{1 + (1 - T)D/E}$$

其中，β_U 为无杠杆的贝塔值，β_L 为有杠杆的贝塔值，即 Beta1，T 为公司的所得税率，D 为公司债务的市场价值，E 为公司股权的市场价值。考虑到中国国情，本书参考 Laveren、Durinck、DeCeuster 和 Lybaert （1997） 利用 D 和 E 的账面价值，并设 $T=0$ 来估计剔除财务杠杆的 β 值，即 Beta2，公式如下：

$$\beta_U = \frac{E}{D + E} \beta_L \tag{5-3}$$

（3）Z 指数

Z-score 模型[①]是以多变量的统计方法为基础，以破产企业为样本，通过大量的实验，对企业的运行状况、破产与否进行分析和判别的系统。该指标越小，企业风险越大，反之亦然。计算公式如下：

$$Z = 0.012 × 营运资金 × 100/总资产 + 0.014 × 留存收益 ×$$
$$100/总资产 + 0.033 × 息税前利润 × 100/总资产 + 0.006 ×$$
$$股票总市值 × 100/负债账面价值 + 0.999 × 销售收入 × 100/总资产$$

$$(5-4)$$

解释变量。解释变量为公司是否使用衍生金融工具进行风险管理的虚拟变量（USER）。由于不同公司对于运用衍生金融工具的披露口径不一致，关于企业使用衍生金融工具的名义价值占资产或负债总值的成套数据无法获得，因此只能使用虚拟变量表示各公司期末衍生金融工具的使用情况。如果年报披露利用衍生金融工具是公司风险管理的重要措施之一，公布了当期曾经持有衍生金融工具并披露了具体的公允价值或者名义价值，则不论期末持仓盈利或者亏损，也不论使用规模大小，使用衍生金融工具进行风险管理的虚拟变量取值皆为1。另外，即使年末无衍生金融工具持仓头寸，但是当年曾经持有且其盈亏计入当期损益，虚拟变量的取值也为1，反之则为0。

控制变量。诸多研究文献表明，公司规模、未来成长机会、最终控制人性质、股权集中度、年度以及行业对公司风险具有显著影响，因此本书选取公司总资产的自然对数、营业利润增长率、

[①] 纽约大学斯特恩商学院教授爱德华·阿特曼（Edward Altman）在1968年就对美国破产和非破产企业进行观察，采用了22个财务比率，经过数理统计筛选建立了著名的5变量 Z-score 模型。

是否为国有控股、股权集中度、年度变量以及行业变量作为控制
变量以控制这些因素对实证结论的影响。主要变量含义如表 5 - 1
所示。

表 5 - 1　变量的选取与定义

变量类型	变量名称	变量代码	变量描述及计量
因变量	企业风险	Beta1	β 值
		Beta2	剔除财务杠杆的 β 值
		Z	用 Z 指数衡量
解释变量	衍生金融工具使用者	USER	哑变量,若当年该上市公司年报中披露该上市公司运用衍生金融工具的情况,取值为1,反之则取值为0
控制变量	公司规模	SIZE	公司总资产的自然对数
	成长性	GROWTH	公司营业利润增长率
	控制人性质	CBG	哑变量,最终控制人为国有,则取值为1,反之则取值为0。
	股权集中度	SH	用第一大股东持股比例衡量
	年度变量	YEARi	以 2007 年为基准,设置了 2 个年度哑变量
	行业变量	INDUi	根据证监会《上市公司行业分类指引(2001)》划分的 13 个行业,去除金融业和未使用衍生金融工具的行业后,以综合类为基准,设置了 9 个行业哑变量

2. 模型选择

假设是研究上市公司运用衍生金融工具对企业风险的影响效
应,即上市公司运用衍生金融工具是导致企业风险提高还是降低。
为对前述衍生金融工具的运用与企业风险之间关系的基本假设进行
检验,本书运用多元回归模型检验衍生金融工具的运用对企业风险
的影响方向和程度。模型如下:

$$\beta = \alpha_0 + \beta_1 USER + \beta_2 SIZE + \beta_3 GROWTH + \beta_4 LEV + \\ \beta_5 CBG + \beta_6 SH + \beta_7 YEARi + \beta_8 INDUi + \varepsilon \qquad (5-5)$$

其中，α_0 为截距项，$\beta_1 \sim \beta_8$ 为回归系数，ε 为随机误差项。

（二）样本选择

本书选择 2007 ~ 2009 年运用衍生金融工具的非金融类上市公司作为研究样本。针对运用衍生金融工具的样本公司，根据同行业、同规模、同时期的原则，为这些公司选择相应的配对未运用衍生金融工具的样本公司。选择同行业、同时期且与运用衍生金融工具样本公司的资产规模最相近的公司作为配对样本。为保证配对样本之间的可比性，如果规模差异超过样本公司资产的 20%，则剔除该样本。

本书中衍生金融工具使用者的信息由笔者根据上海证券交易所和深圳证券交易所网站上公开披露的上市公司 2007 ~ 2009 年财务报告数据收集、整理而成，为保证数据的可靠性，对数据进行了抽样复核。其他数据来自色诺芬数据库以及 RESSET 金融研究数据库。

三　实证结果与分析

（一）描述性统计

表 5 - 2 是主要变量的描述性统计结果，通过对结果的分析，我们可以得出以下三点结论。

第一，从公司的 Beta1 风险水平看，运用衍生金融工具的上市公司企业风险的 Beta1 均值为 0.1595，中位数为 0.1075；未运用衍生金融工具的上市公司企业风险的 Beta1 均值为 0.0946，中位数为0.0747。可见，以 Beta1 衡量的运用衍生金融工具的上市公司的企业风险高于未运用衍生金融工具的上市公司。

表 5 - 2　主要变量的描述性统计结果

主要变量	组别	最小值	最大值	均值	标准差	t 检验（p 值）	中位数	Wilcoxon 检验（p 值）
Beta1	样本组	-0.70	1.41	0.1595	0.3672	0.066	0.1075	0.087
	配对组	-0.73	1.20	0.0946	0.3492		0.0747	
Beta2	样本组	-1.43	6.56	0.3428	0.9590	0.073	0.1832	0.082
	配对组	-3.26	3.34	0.1937	0.7796		0.1208	
Z	样本组	4.6125	351.7855	92.1726	59.8313	0.057	80.1416	0.028
	配对组	1.5648	515.0127	81.1994	59.6331		69.1576	

从两组样本的企业风险单变量比较分析结果看，比较均值差异的 t 检验结果显示，运用衍生金融工具上市公司的企业风险与未运用衍生金融工具上市公司的企业风险指标在 10% 的水平上存在显著差异；比较中值差异的 Wilcoxon 符号秩检验结果显示，运用衍生金融工具上市公司的企业风险与未运用衍生金融工具上市公司的企业风险指标在 10% 的水平上存在显著差异。这说明以 Beta1 衡量的上市公司运用衍生金融工具的风险水平无论是均值还是中位数与未运用衍生金融工具的上市公司相比均存在着显著的差异。

第二，从公司的 Beta2 风险水平看，运用衍生金融工具的上市公司企业风险的 Beta2 均值为 0.3428，中位数为 0.1832；未运用衍生金融工具的上市公司企业风险的 Beta2 均值为 0.1937，中位数为0.1208。可见，以 Beta2 衡量的运用衍生金融工具的上市公司的企业风险高于未运用衍生金融工具的上市公司。

从两组样本财务风险单变量比较分析结果看，比较均值差异的 t 检验结果显示，运用衍生金融工具上市公司的企业风险与未运用衍生金融工具上市公司的企业风险指标在 10% 的水平上存在显著差异；比较中值差异的 Wilcoxon 符号秩检验结果显示，运用衍生金融工具上市公司的企业风险与未运用衍生金融工具上市公司的企业风险指标在 10% 的水平上存在显著差异。这说明以 Beta2 衡量的上市公司运用衍生金融工具的风险水平无论是均值还是中位数与未运用衍生金融工具的上市公司相比均存在着显著的差异。

第三，从公司的 Z 指数风险水平看，运用衍生金融工具的上市公司企业风险的 Z 指数均值为 92.1726，中位数为 80.1416；未运用衍生金融工具的上市公司企业风险的 Z 指数均值为 81.1994，中位数为 69.1576。可见，以 Z 指数衡量的运用衍生金融工具的上市公司的企业风险低于未运用衍生金融工具的上市公司。

从两组样本财务风险单变量比较分析结果看，比较均值差异的 t 检验结果显示，运用衍生金融工具上市公司的企业风险与未运用衍生金融工具上市公司的企业风险指标在 10% 的水平上存在显著差异；比较中值差异的 Wilcoxon 符号秩检验结果显示，运用衍生金融工具上市公司的企业风险与未运用衍生金融工具上市公司的企业风险指标在 5% 的水平上存在显著差异。这说明以 Z 指数衡量的上市公司运用衍生金融工具的风险水平无论是均值还是中位数与未运用衍生金融工具的上市公司相比均存在着显著的差异。

（二）相关性分析

根据表 5-3 所示，我们可以得出以下三点结论。第一，Pearson 系数显示衍生金融工具的运用（USER）与企业风险（RISK）之间在10%的水平上存在显著的正相关关系；Spearman系数却表明衍生金融工具的运用与企业风险之间在5%的水平上存在显著的正相关关系。由相关性的初步分析可见上市公司运用衍生金融工具显著提高了公司的风险水平。第二，Pearson系数和Spearman系数均显示成长性、资产负债率、控制人性质和第一大股东持股比例与企业风险在10%的水平上显著相关。第三，自变量之间的系数只要小于0.8或0.9，就不会对多元回归分析结果产生影响。本回归模型中自变量之间最高的相关系数为0.38（公司规模与股权集中度），因此，本回归模型中各变量之间的相关关系不会对回归结果产生严重影响。

表 5 - 3　主要变量相关系数

项目	RISK	USER	SIZE	GROWTH	LEV	CBG	SH
RISK	1.0000	0.1063	-0.0057	-0.0933	0.0221	-0.0325	0.0449
p 值	—	0.0275	0.9068	0.0532	0.6478	0.5020	0.3530
USER	0.0917	1.0000	-0.0030	0.0324	0.0574	0.1303	-0.1169
p 值	0.0575	—	0.9509	0.5031	0.2350	0.0068	0.0153
SIZE	-0.0180	0.0001	1.0000	0.3440	0.1698	-0.3119	0.3347
p 值	0.7105	0.9987	—	0.0000	0.0004	0.0000	0.0000
GROWTH	-0.0867	0.0084	0.1254	1.0000	0.1320	-0.0138	0.1437
p 值	0.0724	0.8619	0.0092	—	0.0061	0.7760	0.0028
LEV	0.0861	0.0785	0.1137	0.0462	1.0000	-0.1279	-0.0498
p 值	0.0746	0.1039	0.0183	0.3388	—	0.0079	0.3031
CBG	-0.0621	0.1303	-0.3027	-0.0392	-0.1152	1.0000	-0.2311
p 值	0.1990	0.0068	0.0000	0.4179	0.0168	—	0.0000

　　注：对角线下方为 Pearson 系数，上方为 Spearman 系数。表中的 RISK 为 Beta1。Beta2 和 Z 指数作为 RISK 的相关系数表与此表中各变量的相关系数基本一致，故不再赘述。

（三）回归分析

为了更准确地检验上市公司运用衍生金融工具的风险效应，本书对衍生金融工具的运用与企业风险进行了多元回归分析。

1. 衍生金融工具运用与市场风险

表 5-4 显示了将贝塔系数作为公司风险量度的上市公司运用衍生金融工具与企业风险的回归结果，可以看出，方程总体 F 值为 5.4596，$P = 0.000 < 0.01$，说明整个回归方程在 1% 的水平上整体显著，且回归拟合度为 0.1354。因此样本所提供的变量数据符合多元线性回归的要求。通过分析发现以下两点。

表 5-4　衍生金融工具运用对企业市场风险（Beta1）影响的检验

项目	Unstandardized Coefficients		Standardized Coefficients	t	Sig.
	B	Std. Error	Beta	B	Std. Error
（Constant）	0.6823	0.3513	—	1.9423	0.0528
USER	0.0667	0.0322	0.0945	2.0744	0.0387
SIZE	-0.0277	0.0149	-0.1045	-1.8592	0.0637
GROWTH	-0.0574	0.0208	-0.1484	-2.7573	0.0061
CBG	0.0310	0.0402	0.0376	0.7703	0.4416
YEARi	已控制				
INDUi	已控制				
AdjR - sq	0.1354		F 值	5.4596	

第一，衍生金融工具运用的虚拟变量与企业市场风险在 5% 的水平上存在显著的相关关系，这与假设相一致。回归系数为正，系数含义是衍生金融工具运用者的企业风险与未运用衍生金融工具者的企业风险相比有 6.67% 的提升效应，表明上市公司运用衍生金融工具不但没有达到规避风险的目的，反而使企业风险显著

提高。这一研究结果与西方的研究结果存在差异（Bodnar et al.，1998；Guay，1999；Hentschel，Kothari，2001），但与吴艳琴（2010）和贾炜莹、陈宝峰（2009）的研究结论相呼应。吴艳琴（2010）以2006～2008年参与套期保值、交叉持股和股权激励的非金融行业上市公司与未参与以上任何事项的非金融行业上市公司为研究对象，从运用金融工具套期保值的视角发现，中国上市公司的套期保值没有完全发挥减小现金流量的波动和规避风险的功能，反而在一定程度上加大了净收益和净现金流量的波动。贾炜莹、陈宝峰（2009）以中国2007年非金融行业上市公司为研究对象，研究公司运用衍生金融工具对公司价值和业绩的影响。结果表明上市公司运用衍生金融工具进行风险管理对于公司业绩的提高具有正效应，但对公司价值具有负面作用，这说明衍生金融工具的运用对企业风险具有正效应。导致中国与西方研究结果差异的原因，一方面可能与中国上市公司运用衍生金融工具的投机动机严重、资本市场不够完善有关；另一方面可能与中国上市公司衍生金融工具的运用技术较弱和运用知识贫乏有关。相当一部分研究指出中国上市公司运用衍生金融工具投资失败的原因为方向做反和产品选错。

第二，控制变量与企业风险。回归结果表明，公司规模与公司风险在10%的水平上存在显著的负相关关系，这与假设相一致，表明公司规模越大面临的风险越低；公司的成长性与企业风险在1%的水平上存在显著的负相关关系，这与假设相一致，表明成长性越好、发展机会越多的公司面临的企业风险越小。另外，控制人性质与公司风险呈正相关关系，表明国有控股公司的企业风险大于非国有控股公司，但是回归结果并不显著。

表5－5显示了将剔除财务杠杆的贝塔系数作为风险量度的上

市公司运用衍生金融工具与企业风险的回归结果。从该表可以看出，方程总体 F 值为 4.9683，$P = 0.000 < 0.01$，说明整个回归方程在 1% 的水平上整体显著，且回归拟合度为 0.1223。因此样本所提供的变量数据符合多元线性回归的要求。

表 5 - 5　衍生金融工具运用对企业风险（Beta2）影响的检验

项目	Unstandardized Coefficients		Standardized Coefficients	t	Sig.
	B	Std. Error	Beta	B	Std. Error
（Constant）	1.9740	0.8417		2.3453	0.0195
USER	0.1396	0.0770	0.0832	1.8113	0.0708
SIZE	-0.0820	0.0357	-0.1303	-2.2998	0.0220
GROWTH	-0.1689	0.0499	-0.1835	-3.3836	0.0008
CBG	0.0050	0.0963	0.0026	0.0520	0.9586
YEARi	已控制				
INDUi	已控制				
AdjR - sq	0.1223		F 值		4.9683

衍生金融工具运用虚拟变量与企业风险在 10% 的水平上存在显著的相关关系，这与假设相一致。回归系数为正，系数含义是衍生金融工具运用者的企业风险与未运用衍生金融工具者的企业风险相比有 13.96% 的提升效应，与表 5 - 4 所显示的以贝塔系数作为企业风险量度的回归结果相同，表明上市公司运用衍生金融工具不但没有达到规避风险的目的，反而使企业风险显著提高。同时，回归结果表明，控制变量中，公司规模与企业风险在 5% 的水平上存在显著的负相关关系；公司的成长性与企业风险在 1% 的水平上存在显著的负相关关系，控制人性质与企业风险呈正相关关系，但是回归结果并不显著。这些结果都与表 5 - 4 所显示的回归结果一致。

2. 衍生金融工具运用与财务风险

（1）全样本回归分析

表5-6显示了上市公司运用衍生金融工具与企业财务风险的回归结果。从该表可以看出，方程总体F值为8.067，P=0.000<0.01，说明整个回归方程在1%的水平上整体显著，且回归拟合度为0.219。因此样本所提供的变量数据符合多元线性回归的要求。

表5-6　衍生金融工具运用对企业财务风险（Z指数）影响的检验

项目	Unstandardized Coefficients		Standardized Coefficients	t	Sig.
	B	Std. Error	Beta	B	Std. Error
（Constant）	95.00559	52.83752	—	1.79807	0.072898
USER	13.54185	5.239885	0.113141	2.58438	0.010099
SIZE	-0.33359	2.358755	-0.00749	-0.14143	0.887601
GROWTH	-4.74495	1.776335	-0.11864	-2.6712	0.007857
LEV	28.15812	14.13302	0.089764	1.992364	0.046991
CBG	-13.7277	6.5011	-0.09823	-2.1116	0.035323
YEARi	已控制				
INDUi	已控制				
AdjR-sq	0.219		F值	8.067	

衍生金融工具运用的虚拟变量与企业财务风险Z指数在1%的水平上存在显著的正相关关系，但是Z指数越小，企业的风险越大，反之亦然。系数含义是衍生金融工具运用者的企业财务风险与未运用衍生金融工具者的企业财务风险相比有2.58%的降低效应，表明上市公司运用衍生金融工具达到了规避财务风险的目的。

（2）分年份的样本回归分析

上述回归分析是以2007～2009年面板数据为研究对象的，这个阶段非常特殊，2007 年是新企业会计准则实施的第一年，2007 年、2008 年、2009 年又分别处于全球金融危机的前、中、后三个阶段，因此为了更加深入地考察这三个阶段上市公司运用衍生金融工具风险效应的差异，对每个年份的数据进行回归分析。

表 5-7 显示了 2007 年上市公司运用衍生金融工具与企业风险的回归结果，方程总体 F 值为 4.365，$P = 0.000 < 0.01$，说明整个回归方程在 1% 的水平上整体显著，且回归拟合度为 0.232。因此样本所提供的变量数据符合多元线性回归的要求。与全样本面板数据回归结果相同，2007 年上市公司衍生金融工具运用的虚拟变量与企业风险在 1% 的水平上存在显著的正相关关系，而且衍生金融工具运用者的企业风险与未运用衍生金融工具者的企业风险相比有 2.78% 的提升效应，高于全样本数据回归结果，表明 2007 年上市公司运用衍生金融工具使企业风险显著提高。

表 5-7　2007 年衍生金融工具运用对企业财务风险影响的检验

项目	Unstandardized Coefficients		Standardized Coefficients	t	Sig.
	B	Std. Error	Beta	B	Std. Error
(Constant)	137.2047	91.2095		1.5043	0.1349
USER	25.6090	9.2119	0.2155	2.7800	0.0062
SIZE	-3.3805	4.1377	-0.0700	-0.8170	0.4154
GROWTH	-3.8010	2.0850	-0.1399	-1.8230	0.0706
LEV	7.5086	25.0798	0.0229	0.2994	0.7651
CBG	-23.2154	11.4694	-0.1634	-2.0241	0.0450
SH	62.3669	33.7470	0.1655	1.8481	0.0668
INDUi	已控制				
AdjR-sq	0.232		F 值	4.365	

表 5-8 显示了 2008 年上市公司运用衍生金融工具与企业财务风险的回归结果，方程总体 F 值为 6.512，$P = 0.000 < 0.01$，说明

整个回归方程在 1% 的水平上整体显著，且回归拟合度为 0.460。因此样本所提供的变量数据符合多元线性回归的要求。与全样本面板数据回归结果相同，2008 年上市公司衍生金融工具运用的虚拟变量与企业风险在 5% 的水平上存在显著的正相关关系，低于全样本面板数据和 2007 年数据的回归结果，而且衍生金融工具运用者的企业风险与未运用衍生金融工具者的企业风险相比有 2.45% 的提升效应，也低于全样本面板数据和 2007 年数据的回归结果，表明2008 年上市公司运用衍生金融工具虽然使企业风险提高，但无论是显著性还是提升程度较 2007 年都有所降低，这与新准则实施效果进一步加强、金融危机监管部门的监管力度加大和企业管理部门的风险意识提高有关。

表5-8 2008 年衍生金融工具运用对企业财务风险影响的检验

项目	Unstandardized Coefficients		Standardized Coefficients	t	Sig.
	B	Std. Error	Beta	B	Std. Error
(Constant)	-147.5066	93.9718		-1.5697	0.1203
USER	20.0227	8.1544	0.1851	2.4554	0.0162
SIZE	8.1519	4.1747	0.2018	1.9527	0.0543
GROWTH	-23.6225	6.5637	-0.3346	-3.5990	0.0005
LEV	-43.5382	32.7426	-0.1246	-1.3297	0.1873
CBG	-8.2760	11.3748	-0.0648	-0.7276	0.4689
SH	93.7238	32.6586	0.2871	2.8698	0.0052
INDUi	已控制				
AdjR-sq	0.460		F值	6.512	

表5-9 显示了 2009 年上市公司运用衍生金融工具与企业风险的回归结果，方程总体 F 值为 2.956，$P = 0.000 < 0.01$，说明整个回归方程在 1% 的水平上整体显著，且回归拟合度为 0.137。因此样本所提供的变量数据符合多元线性回归的要求。回归结果显示，

2009 年，上市公司衍生金融工具运用的虚拟变量与企业风险存在负相关关系，表明 2009 年上市公司运用衍生金融工具使企业风险有所下降，但这种相关关系并不显著。虽然 2009 年上市公司运用衍生金融工具并没有显著降低企业风险，但是与 2007 年和 2008 年的提高风险相比，2009 年上市公司运用衍生金融工具降低风险的作用应予以肯定，这说明经过金融危机的洗礼，政府监管层和企业管理层对于衍生金融工具运用的风险意识都有所加强。

表 5 - 9　2009 年衍生金融工具运用对企业财务风险影响的检验

项目	Unstandardized Coefficients		Standardized Coefficients	t	Sig.
	B	Std. Error	Beta	B	Std. Error
(Constant)	112. 7214	87. 6524		1. 2860	0. 2002
USER	- 0. 6985	8. 7956	- 0. 0057	- 0. 0794	0. 9368
SIZE	0. 1021	4. 0476	0. 0023	0. 0252	0. 9799
GROWTH	- 2. 5484	4. 2919	- 0. 0426	- 0. 5938	0. 5534
LEV	44. 5951	20. 9615	0. 1542	2. 1275	0. 0348
CBG	- 3. 0690	10. 4773	- 0. 0217	- 0. 2929	0. 7699
SH	16. 1021	30. 2682	0. 0409	0. 5320	0. 5954
INDUi	已控制				
AdjR - sq	0. 137		F 值	2. 956	

四　结论与启示

衍生金融工具既能够作为企业规避风险的有力武器，又可能给企业带来巨大的风险，现有研究多是考察衍生金融工具运用与企业价值的关系，而忽略了对影响企业价值的主要因素——风险的研究。本章以中国非金融类上市公司 2007 ~ 2009 年非金融类运用衍生金融工具的上市公司为样本，对其衍生金融工具的风险效应进行实证检验，得出以下两点结论。

第一，衍生金融工具运用与企业市场风险方面，以 β 值作为企业市场风险量度的回归结果表明，运用衍生金融工具的企业风险与未运用衍生金融工具的企业风险相比有 6.67% 的提升效应；以修正的 β 值作为企业市场风险量度的回归结果表明，衍生金融工具运用者的企业风险与未运用衍生金融工具的企业风险相比有 13.96% 的提升效应。也就是说，中国上市公司运用衍生金融工具导致企业市场风险显著提高，这说明上市公司运用衍生金融工具避险的初衷并没有实现。出现这种情况可能与以下三个原因有关。

其一，从衍生金融工具自身的特点来看，风险产生的主要原因是标的资产价格的波动性。由金融工具定价模型可知，标的资产的未来价格不仅受供求关系的影响，还受到政治环境、经济政策、投资者或消费者的心理预期以及人为操纵等众多因素的影响。2007～2009 年正处于全球金融危机孕育、爆发和持续影响的特殊时期，经济环境的剧烈变化、投资者的恐慌情绪以及复杂的国际供求关系都加剧了资产价格的波动性，运用衍生金融工具的公司可能因持有的衍生金融工具的价格波动而导致其市场风险发生剧烈变化。

其二，从套期保值的特点来看，其基差风险客观存在。套期保值得以实现的理论基础在于：期货合约到期时，期货价格与现货价格相同或趋于一致，期货与现货之间的盈亏正好相抵，这种对冲机制化解了风险。但是期货价格与现货价格总会存在一定程度的背离，也就是期现之间总会存在基差，只不过基差大小不同而已。如果期货价格与现货价格背离严重，套期保值的理论基础就不存在了，在此基础上设计的套期保值方案也就规避不了价格波动风险。这就是所谓的套期保值固有的基差风险。在传统的套期保值理论中，假设期货价格与现货价格走势相一致，基差在合约到期时为零。但是，在实际运用中，套期保值并不是那么完美的。对于金融期货和黄金、白银期货品种，由于市场大量套利行为的存在，期现之间的基差能较好地保持某一确定的关系，基差风险较小。但是对于金属、农产品等商品期货来讲，供需不平衡以及仓储状态等原因，特别是存在逼仓的情况下，可能导致基差变化较大，基差风险也就较大。从中国运用衍生金融工具的上市公司所属行业来看，金属、非金属制造业中运用衍生金融工具的上市公司最多，其次是机械、设备、仪表制造业和交通运输、仓储业；从中国上市公司运用期货衍生金融工具的品种来看，金属、农产品期货居多，因此基差风险不仅存在，而且较大。

其三，从微观上看，风险的产生主要与企业管理层的风险偏好以及企业的内部控制制度尤其是与企业的风险管理机制是否健全和是否得到有效执行有关。管理层的风险偏好对衍生金融工具交易具有举足轻重的影响。风险厌恶型管理层通常会尽量避免从事投机业务而偏爱套期保值业务；而风险爱好型管理层对于投机业务则跃跃欲试。如果企业的内部控制制度设计不完善，再加上执行不力，高层管理人员很容易形成赌博心态，从而给企业带来巨大的风险。

第二，衍生金融工具运用与企业财务风险方面，以 Z 指数作为企业财务风险量度的回归结果表明，运用衍生金融工具的企业风险与未运用衍生金融工具者的企业财务风险相比有 2.58% 的降低效应，表明上市公司运用衍生金融工具达到规避财务风险的目的。运用衍生金融工具的上市公司表现出比未运用衍生金融工具的上市公司较高的市场风险和较低的财务风险。出现这种情况可能与以下原因有关。

其一，合约双方的信息披露存在很大的局限性。全球金融自由化不断发展，衍生金融工具不断推陈出新，区分各种金融工具的类别越来越困难，同时全时区、全方位、一体化的国际金融市场极大地加速了衍生金融工具的交易，从而加大了金融监管的难度和制定衍生金融工具会计准则的难度。许多与衍生金融工具相关的业务没有在会计报表中得到真实、公允的披露，使得信息质量下降，会计信息没有充分揭示企业的风险。

其二，财务风险计量存在局限性。与市场风险相比财务风险具有更大的可操作性，上市公司可以通过衍生金融工具确认、计量等会计政策调整会计利润，从而调整财务风险，使财务风险与市场风险相偏离。

第六章
上市公司运用衍生金融
工具的风险治理效应

衍生金融工具运用风险涉及市场风险、信用风险、流动性风险、操作风险、结算风险、法律风险、模型风险、会计风险、税收风险、道德风险、系统风险等，因此衍生金融工具运用风险的治理是一个复杂的问题。从现有文献来看，针对上市公司运用衍生金融工具的风险治理对策既包括政府监管、市场监管、审计监管等外部治理，也包括股权结构、董事会机制、高管机制等内部治理。现有的治理对策是否发挥了作用，外部治理要素和内部治理要素对衍生金融工具运用风险的治理效果如何？回答上述问题，对进一步加强上市公司衍生金融工具的风险管理、构建衍生金融工具风险管理框架和完善风险管理措施具有重要作用。

一 理论分析与研究假说

衍生金融工具风险治理机制需要通过外部治理与内部治理所构成的具有递进性和交互性的综合系统，来建立相关各方的激励约束关系，以最大限度地满足股东和利益相关者的权益。

（一）外部治理与衍生金融工具运用风险

从现有文献来看，对上市公司衍生金融工具风险的外部治理主要包括政府监管、市场监管、审计监管。

1. 政府监管与衍生金融工具运用风险

政府监管是上市公司衍生金融工具风险外部治理的重要策略之一。政府监管的重要手段是制定法律、法规规范衍生金融市场及交易行为。1999 年国务院通过《期货交易管理暂行条例》，并于 2007 年进行了修订，颁布《期货交易管理条例》；中国银行业监督管理委员会于 2004 年颁布了《金融机构衍生产品交易业务管理暂行办法》（2011 年修订）、2005 年颁布了《中国银行业监督管理委员会关于中资商业银行衍生产品交易业务范围有关问题的通知》，2007 年中国银行业监督管理委员会办公厅发布了《中国银监会办公厅关于建立银行业衍生产品交易业务联系机制的通知》。2006 年 1 月 1 日开始实施的《证券法》第 2 条规定，"证券衍生品种发行、交易的管理办法，由国务院依本法的原则规定"。可以看出政府对衍生金融工具的监管侧重于对金融机构运用衍生金融工具的监管，然而针对衍生金融工具最终风险的承担者的监管法规不多。

随着全球次贷危机的爆发和蔓延，政府监管部门逐渐意识到非金融类上市公司运用衍生金融工具的风险。为进一步加强中央企业金融衍生业务监管，建立有效的风险防范机制，实现稳健经营，国务院国有资产监督管理委员会下发《关于进一步加强中央企业金融衍生业务监管的通知》（国资发评价〔2009〕19 号）。要求"各中央企业要高度重视金融衍生业务管理工作，审慎开展金融衍生业务，遵循套期保值原则，完善内部控制制度，建立切实有效的风险管理体系，积极防范经营风险，有效维护股东权益"。
因此，我们提出假设 1：中央企业运用衍生金融工具更倾向于
避险。

2. 市场监管与衍生金融工具运用风险

市场监管是中国衍生金融工具风险监管的基本保障。衍生金
融工具的投资者首先接触的是市场，其各种投资行为首先要受到
市场的约束（许凌艳，2008）。衍生金融工具风险的市场监管包
括交易所、结算所、会员以及投资主体的监管。以非金融类上市
公司为视角考察衍生金融工具风险的市场监管，主要是考察非金
融类上市公司作为衍生金融工具的投资主体对风险的治理效果。
中国上市公司的投资者分为国有投资者、机构投资者和个人投资
者。一般认为，机构投资者相对于个人投资者具有资金集中、专
家管理、组合投资等优势，具有较强的选股和选时能力，倾向于
长期投资和价值投资；机构投资者可以集中广大中小股东的力
量，对控股股东进行监督，缓解代理问题，是市场的有效监
督者。

Lakonishok 等（1994）提出机构投资者比个人投资者更加理
性。Brennan（1995）认为机构投资者相对于个人投资者来说，对
经济以及定价过程更加了解。DeLong 等（1990）的研究表明，机
构投资者通过冲销个人投资者的非理性交易行为来达到稳定证券价
格的作用。Chidambaran 和 John（2000）的研究表明，机构投资者
能够从公司管理层获得私有信息，并通过市场交易传递给其他股东
和债权人。Rubin（2008）认为机构投资者具有更多的信息、人才
优势和规模经济效应，是比中小投资者更为理性的成熟投资者（刘
奕均、胡奕明，2010）。Arbel 等（1983）、Gompers 和 Metrick
（2001）发现机构投资者的持股比例与股票规模存在正相关关系，

对于这种相关关系的一个可能解释正是机构投资者对风险较大（通常规模较小）的公司的拒绝，从而间接说明机构投资者更多地选择了风险较小的公司。因此，我们提出假设2：持股比例越高的机构投资者运用衍生金融工具越倾向于避险。

3. 审计监管与衍生金融工具运用风险

大多数对衍生金融工具风险的外部治理研究都是以金融机构为主要研究对象，从金融市场监管的角度提出治理对策，对审计监管与衍生金融工具运用风险的治理关系鲜有研究。然而，随着资本市场的快速发展，外部独立审计对投资者尤其是处于信息劣势的中小投资者权益的保护作用越来越受到重视。

上市公司对衍生金融工具的投资会影响投资者尤其是中小投资者的切身利益。由于衍生金融工具的杠杆性，衍生金融工具一旦投资失败，轻则使公司损失惨重，重则使公司陷入财务困境甚至破产。因此，强化外部审计监管，提前为投资者预警，引导投资者关注可能遇到的风险，从而降低上市公司运用衍生金融工具的风险尤为重要。DeAngelo（1981）等人研究了会计师事务所的规模对审计意见类型的影响，发现前五大会计师事务所更倾向于对财务困难的客户提供持续经营有疑虑的审计意见。Choi 和 Wong（2005）根据39个国家的公司数据研究了在特定法律环境下的审计选择问题，发现在法律不健全、约束力不强的环境下，外部审计作为法律的替代机制，可以在公司治理中起到更好的监督作用。Pierre Anderson（1984）发现，尽管"八大"因为"深口袋"而具有更高的被诉可能，但"八大"作为一个整体仍然比非"八大"更少发生法律诉讼；Feroz 等（1991）发现，在控制住客户的规模后，大型会计师事务所的审计诉讼率低于小型事务所。因此，我们提出假设3：审计质量越高的公司运用衍生金融工具越倾向于避险。

（二）内部治理与衍生金融工具运用风险

1. 股权结构

从最终控制人类型上看，Shleifer 和 Vishny（1997）、LaPorta（1999）等的研究发现，在大多数国家尤其是发展中国家，公司中往往存在一个或几个大股东。刘芍桂（2003）等的研究则将中国上市公司的最终控制人分为两类——国有最终控制人和非国有最终控制人。大多数上市公司为国有控股是中国证券市场的一大特色，正因为如此，众多文献研究了国有控股对企业业绩的影响，而且几乎都发现国有企业比非国有企业的业绩更差（Xu and Wang，1999；Sun and Tong，2003；徐晓东、陈小悦，2003）。虽然业绩和风险往往是一致的，业绩好的企业风险也低，但在很多情况下并非如此，这就是所谓的"风险－回报悖论"（Bowman，1980）。在中国，国有控股公司在内部控制、风险管理等方面与非国有控股公司相比都具有一定的优势。

从股权结构机制来看，适度集中的股权结构，不仅能够在一定程度上克服由股权过度分散造成的监管搭便车问题，而且股权相对集中在少数人手中也能够提高大股东在与管理层的权力博弈中的地位，有效降低大股东与管理层的代理问题。过度集中的股权结构，尽管降低了大股东与管理层的信息不对称问题，却使得大股东、管理层与中小股东之间的代理问题变得异常突出，从而造成大股东滥用权力、过度监管和剥削小股东。

因此，我们提出如下三个假设。假设 4a：国有控股上市公司与非国有控股上市公司相比运用衍生金融工具更倾向于避险；假设 4b：股权集中度越高的公司越倾向于运用衍生金融工具避险；假设 4c：股权制衡度越高的公司越倾向于运用衍生金融工具避险。

2. 董事会治理机制

董事会是降低代理成本、确保股东利益的重要机构，股东可以通过董事会对公司管理层施加影响。因此强效的董事会有利于解决股东与管理层之间的代理问题。独立董事的设立在一定程度上减轻了中小股东与大股东及管理层之间的代理问题，降低了大股东侵害中小股东利益的可能性。已有研究表明独立董事能够有效监督经理层和大股东，降低经理层的在职消费（Brickley and James，1987），使得公司经营业绩不佳与 CEO 被解雇更相关（Weisbach，1988）；能够识别公司的盈余管理（支晓强、童盼，2005），抑制大股东的掏空行为（叶康涛等，2007）等。基于上述分析，我们预期董事会治理机制会降低上市公司运用衍生金融工具的风险。

因此，我们提出如下两个假设。假设 5a：独立董事持股比例越高的公司越倾向于运用衍生金融工具避险；假设 5b：董事会越勤勉的公司越倾向于运用衍生金融工具避险。

3. 高管特征

从对高管激励的角度，根据代理理论，管理层的激励机制虽然无法直接消除股东与管理层之间的信息不对称问题，但激励机制有利于促使管理层将股东利益最大化作为管理的主要目标，从而在一定程度上抑制代理问题的产生。西方的研究发现，高管报酬与企业业绩之间存在显著的正相关关系（Murphy，1987；Coughlan and Sehmidt，1985）。从国内的研究来看，张俊瑞等（2003）、高雷和宋顺林（2007）也发现中国上市公司的高管报酬与企业业绩显著正相关。周嘉南和黄登仕（2006）发现高管报酬不仅和企业业绩之间显著正相关，而且和企业风险之间显著负相关。

从约束高管的角度来看，董事长与总经理都由同一人兼任会使得董事长（总经理）在企业中拥有更高的地位和权威，使得许多监督机制形同虚设，当整个企业的决策权几乎都落在董事长（总经理）手里时，企业的风险就会被放大，从中国企业特别是国有企业的实践来看，这种现象不胜枚举。

因此，我们提出如下两个假设。假设6a：高管持股比例越高的公司越倾向于运用衍生金融工具避险；假设6b：董事长与总经理二职合一的公司更倾向于运用衍生金融工具避险。

二 研究设计和样本选择

（一）研究设计

1. 变量定义

被解释变量。按照风险效应将运用衍生金融工具的上市公司分为投机公司和避险公司，其中，投机公司指运用衍生金融工具后风险变化高于运用衍生金融工具公司总体风险变化中位数的公司，避险公司指运用衍生金融工具后风险变化低于运用衍生金融工具公司总体风险变化中位数的公司。

解释变量包括外部治理要素和内部治理要素。外部治理要素用政府监管、市场监管和审计监管三个指标衡量。其中，政府监管用是不是央企来衡量，市场监管用机构投资者持股比例衡量，审计监管用是不是四大会计师事务所衡量。

内部治理要素用股权结构治理水平、董事会治理水平和管理层治理水平衡量。

（1）股权结构治理水平

我们采用三个变量作为股权结构治理水平的度量指标。CBG 为最终控制人是不是国有的虚拟变量；SH 表示第一大股东持股比例，代表股权集中度；Z 表示第一大股东与第二大股东持股数之比，代表股权制衡度。

（2）董事会治理水平

我们采用两个指标来度量董事会治理水平。IndepR 表示独立董事比例，Activity 为年内董事会开会次数。前一个指标反映了董事会的独立性，后一个指标代表董事会的勤勉程度和工作效率。

（3）管理层治理水平

我们采用高管人员的持股比例 SES 作为管理层薪酬水平的替代变量，原因在于：一是高管人员的薪酬信息不易完全获得；二是持股量是国外研究经常使用的股票期权的替代变量。Duality 为董事长与总经理是不是两职合一的虚拟变量，两职合一时取值为 1，否则为 0。

诸多研究文献表明，公司规模、资本结构、年度以及行业对公司风险具有显著影响，因此本书选取公司总资产的自然对数、资产负债率、年度变量以及行业变量作为控制变量以控制这些要素对实证结论的影响。

主要变量含义如表 6 - 1 所示。

2. 模型选择

为对前述上市公司衍生金融工具运用风险的治理效应基本假设进行检验，本书运用 Logistic 模型进行回归分析，检验各治理要素对上市公司衍生金融工具运用风险的影响方向和程度。模型形式如下：

表 6 - 1　变量的选取与定义

变量类型	变量名称		变量代码	变量描述及计量
被解释变量	避险公司或是投机公司		RS	哑变量,若为避险公司,取值为1,否则为0
解释变量	外部治理要素	政府监管	CC	哑变量,若是中央企业,则为1,否则为0
		市场监管	JC	用机构投资者持股比例衡量
		审计监管	BF	哑变量,若审计机构为四大,则为1,否则为0
	内部治理要素	股权结构	CBG	哑变量,若最终控制人为国有,则为1,否则为0
			SH	用第一大股东持股比例衡量
			Z	用第一大股东持股数/第二大股东持股数的比例衡量
		董事会特征	IndepR	用独立董事比例衡量
			Activity	用年内董事会开会次数衡量
		高管特征	SES	用高级管理人员持股比例衡量
			Duality	哑变量,若两职合一,则为1,否则为0
控制变量	公司规模		SIZE	用公司期末总资产的自然对数衡量
	资本结构		LEV	用公司期末的资产负债率衡量
	年度变量		YEARi	以2007年为基准,设置了2个年度哑变量
	行业变量		INDUi	根据证监会《上市公司行业分类指引(2001)》划分的13个行业,去除金融业和未使用衍生金融工具的行业后,以综合类为基准,设置了9个行业哑变量

$$Logit(p) = Y = Ln(\frac{p}{1-p}) = \alpha + \beta x_i + \xi \qquad (6-1)$$

$x_i = (x_{i1}, x_{i1}, \cdots\cdots, x_{is})$ 为 $s \times N$ 的由检验变量组成的矩阵，α 为截距项，$\alpha = (\alpha_1, \alpha_2, \cdots\cdots, \alpha_N)$；$\beta$ 为 $1 \times s$ 的斜率参数向量，$\beta = (\beta_1, \beta_2, \cdots\cdots, \beta_s)$；$i$ 为样本个数 $(i \leqslant N)$；s 为解释变量的个数 $(1 \leqslant j \leqslant s)$；$\xi$ 为 $N \times 1$ 的残差项向量，$\xi = (\xi_1, \xi_2 \cdots\cdots, \xi_N)$，$N$ 为样本个数。

上市公司衍生金融工具运用风险的概率为：

$$p_i = E(Y = 1 \mid x_i) = \frac{1}{1 + e^{-(\hat{\alpha} + \hat{\beta}x)}} \qquad (6-2)$$

对 Logistic 模型可做如下解释，斜率参数 β 给出 x 变化的 Y 的变化，它代表了随着解释变量变化一个单位，上市公司运用衍生金融工具概率的变化程度。

（二）样本选择

本书选择 2007～2009 年运用衍生金融工具的非金融类上市公司作为研究样本，并进一步将其划分为投机公司和避险公司，分别考察外部治理要素和内部治理要素对上市公司运用衍生金融工具风险效应的影响。

三 实证结果和分析

（一）描述性统计

表 6-2 是主要变量的描述性统计结果，通过对结果的分析，我们可以得出两个结论。

表 6 - 2 主要变量的描述性统计

影响要素	主要变量	组别	最小值	最大值	均值	标准差	中位数
外部治理要素	是不是央企	避险公司	0	1.00	0.33	0.47	0
		投机公司	0	1.00	0.25	0.44	0
	机构投资者持股比例（%）	避险公司	0	0.92	0.33	0.25	0.29
		投机公司	0	0.90	0.28	0.24	0.22
	是不是四大会计师事务所	避险公司	0	1.00	0.28	0.45	0
		投机公司	0	1.00	0.16	0.37	0
内部治理要素	控制人性质	避险公司	0	1.00	0.32	0.47	0
		投机公司	0	1.00	0.27	0.45	0
	股权集中度	避险公司	0.01	0.61	0.19	0.13	0.16
		投机公司	0.02	0.61	0.17	0.12	0.14
	股权制衡度	避险公司	1.01	225.46	21.73	40.67	4.8
		投机公司	1.00	215.19	12.11	22.95	4.81
	独立董事比例（%）	避险公司	11.76	50.00	34.02	8.53	33.33
		投机公司	7.69	58.33	35.26	8.81	33.33
	董事会开会次数	避险公司	4.00	26.00	9.84	4.13	9
		投机公司	4.00	41.00	10.72	5.03	10
	高管持股比例（%）	避险公司	0	44.78	0.65	4.58	0
		投机公司	0	12.89	0.29	1.53	0
	两职合一	避险公司	0	1.00	0.07	0.26	0
		投机公司	0	1.00	0.15	0.36	0

1. 避险公司比投机公司的外部治理力度大

从政府监管水平看，避险公司是不是央企的平均数为 0.33，中位数为 0，投机公司的平均数为 0.25，中位数为 0，说明运用衍生金融工具的公司（无论是避险公司还是投机公司）大部分是央企，但是与投机公司相比，避险公司中央企业的比例更大，政府监管的力度更强。

从市场监管水平看，避险公司的机构投资者持股比例的均值为

0.33%，中位数为0.29%；投机公司的机构投资者持股比例的均值为0.28%，中位数为0.22%。说明与投机公司相比避险公司机构投资者的持股比例更高，市场监管的力度更强。

从独立审计监管水平看，避险公司外部审计机构是不是四大会计师事务所的平均数为0.28，中位数为0；投机公司的平均数位0.16，中位数为0。说明运用衍生金融工具公司（无论是避险公司还是投机公司）的外部审计机构大部分不是四大会计师事务所，但是与投机公司相比，避险公司外部审计机构是四大会计师事务所的比例更大，独立审计监管的力度更强。

2. 避险公司比投机公司的内部治理力度大

从股权结构看，避险公司最终控制人为国有公司的平均数为0.32，中位数为0，投机公司的平均数位0.27，中位数为0，说明运用衍生金融工具的公司（无论是避险公司还是投机公司）大部分最终控制人性质为国有公司，但是与投机公司相比，避险公司中最终控制人性质为国有企业的比例更大；避险公司股权集中度的平均数为0.19，中位数为0.16，投机公司股权集中度的平均数为0.17，中位数为0.14，说明避险公司与投机公司的股权集中度相差不大；避险公司股权制衡度的平均数为21.73，中位数为4.8，投机公司股权集中度的平均数为12.11，中位数为4.81，说明避险公司与投机公司的股权制衡度相差较大。

从董事会特征看，避险公司独立董事比例的平均值为34.02%，中位数为33.33%，投机公司独立董事比例的平均数为35.26%，中位数为33.33%，说明避险公司与投机公司在独立董事比例方面大部分都符合证监会的要求且相差不大；避险公司年内董事会开会次数的平均数为9.84，中位数为9，投机公司年内董事会开会次数的平均数为10.72，中位数为10，说明避险公司与投机公司的年内董事会开会次数相差不大。

从高管特征看，避险公司高管持股比例的平均数为 0.65%，中位数为 0；投机公司高管持股比例的平均数位 0.29%，中位数为 0。说明与投机公司相比，避险公司的高管持股比例更高，高管利益与公司业绩的相关度更大。避险公司两职合一的平均数为 0.07，中位数为 0，投机公司两职合一的平均数 0.15，中位数为 0，说明与投机公司相比，避险公司高管权力受到的制约更多。

（二）相关性分析

为了考察各治理要素之间是否存在相关性，在分析数据时进行了变量间的 Pearson 和 Spearman 两两相关性检验，具体检验结果如表 6-3 所示。统计数据表明：第一，大多数治理要素之间存在显著的相关关系，各治理要素不是孤立存在的，其作用的发挥有赖于其他治理要素的协同配合；第二，自变量之间的系数只要小于 0.8 或 0.9，就不会对多元回归分析结果产生影响，而本回归模型中自变量之间的最高相关系数为 0.439（公司规模与外部独立审计），因此本回归模型中各变量之间的相关关系不会对回归结果产生严重影响。

（三）回归分析

1. 单一机制的治理效应

（1）外部治理要素的效应

本书分别从政府监管、市场监管、审计监管三个角度考察了外部治理要素对上市公司运用衍生金融工具风险的制约作用（见表 6-4）。

表 6 - 3　主要变量相关系数

项目	YANGQI	JIG	SIDA	CBG	SH	ZIndex	IndepR	Activity	SES	Duality	Insize	LEV
CC	1.00	0.06	0.210	-0.339	0.247	0	-0.03	-0.09	-0.148	-0.08	0.247	0.07
p 值		0.36	0	0	0	0.95	0.65	0.19	0.03	0.26	0	0.33
JC	0.07	1.00	0.05	0.03	0.182	-0.195	-0.07	0.07	0.11	0.139	0.11	0.09
p 值	0.67		0.44	0.62	0.01	0.03	0.30	0.25	0.08	0.04	0.10	0.20
BF	0.210	0.06	1.00	-0.212	0.155	-0.166	-0.06	-0.05	-0.02	-0.05	0.418	-0.05
p 值	0	0.36		0.77	0.02	0.01	0.30	0.77	0.66	0.42	0	0.49
CBG	-0.339	0.03	-0.212	1.00	-0.193	-0.158	0	-0.02	0.11	0.08	-0.371	-0.07
p 值	0	0.66	0		0	0.02	0.96	0.46	0.08	0.27	0	0.31
SH	0.252	0.229	0.227	-0.202	1.00	0.343	0.08	-0.176	0.10	-0.13	0.218	-0.06
p 值	0	0	0	0		0	0.24	0.05	0.14	0.10	0	0.41
ZIndex	0.03	-0.145	-0.11	-0.12	0.287	1.00	0.96	0.01	0.03	-0.217	-0.02	0.01
p 值	0.67	0.03	0.11	0.07	0		0	0.89	0.62	0.10	0.75	0.87
IndepR	-0.04	-0.09	-0.08	0.07	0.06	0.03	1.00	0.06	0.09	-0.02	-0.01	-0.278
p 值	0.57	0.19	0.25	0.77	0.24	0		0.38	0.84	0.86	0.85	0.01
Activity	-0.02	0.06	0.02	-0.05	0.37	0.01	0.01	1.00	0.12	-0.02	0.13	0.01
p 值	0.83	0.39	0.77	0.46	0.05	0.89	0.38		0.62	0.87	0.06	0.85
SES	-0.09	0.08	-0.03	0.12	0.05	-0.06	0.01	0.03	1.00	0.07	0.02	-0.08
p 值	0.21	0.26	0.66	0.08	0.14	0.41	0.84	0.62		0.76	0.73	0.21
Duality	-0.08	0.13	-0.05	0.08	-0.10	-0.11	0.01	0.62	0.08	1.00	-0.05	-0.06
p 值	0.26	0.05	0.42	0.27	0.10	0.10	0.86	0.87	0.76		0.51	0.37
SIZE	0.263	0.05	0.439	-0.355	0.284	0.10	-0.02	0.13	-0.01	-0.02	1.00	0.10
p 值	0	0.47	0	0	0	0.10	0.81	0.06	0.27	0.51		0.14
LEV	0.09	0.05	-0.04	-0.05	-0.07	-0.07	-0.244	0.04	-0.08	-0.07	0.05	1.00
p 值	0.20	0.47	0.57	0.45	0.33	0.87	0.01	0.58	0.23	0.31	0.43	

注：对角线下方为 Pearson 系数，上方为 Spearman 系数。

表 6 - 4　外部治理要素对上市公司衍生金融工具
运用风险影响的检验结果

变量	预测符号	模型一	模型二	模型三
Constant	?	- 4. 778	- 5. 348	- 3. 4
		2. 682	(3. 421)*	1. 247
CC	+	0. 282		
		0. 699		
JC	+		0. 005	
			0. 676	
BF	+			0. 782
				(3. 774)*
SIZE	+	0. 125	0. 147	0. 058
		0. 996	1. 418	0. 192
LEV	+	1. 309	1. 301	1. 419
		(2. 728)*	(2. 727)*	(3. 166)*
YEARi	?	已控制	已控制	已控制
INDUi	?	已控制	已控制	已控制
Nagelkerke R Square		0. 133	0. 133	0. 046

注：* 表示 10% 显著性水平。

如表 6 - 4 所示，模型一显示了将是不是中央企业作为政府监管强度解释变量、将运用衍生金融工具不同风险效应作为被解释变量的 Logistic 回归结果。回归结果显示，是不是中央企业变量的回归系数为正，说明与不是中央企业的上市公司相比中央企业的上市公司运用衍生金融工具更倾向于避险，验证了假设 1，中央企业上市公司运用衍生金融工具的风险制约作用更为有效。

模型二显示了将机构投资者持股比例作为市场监管强度解释变量、将运用衍生金融工具不同风险效应作为被解释变量的 Logistic 回归结果。回归结果显示，机构投资者持股比例变量的回归系数为正，但不显著，说明机构投资者持股比例越高的上市公司越倾向于运用衍生金融工具避险，验证了假设 2，机构投资者作为市场监管的代表对衍生金融工具运用风险有一定的制约作用，但是这种制约作用并不显著。

模型三显示了将是不是四大会计师事务所作为审计监督强度解释变量、将运用衍生金融工具不同风险效应作为被解释变量的 Logistic 回归结果。回归结果显示，是不是四大会计师事务所变量的回归系数为正，且在 10% 的水平上显著，说明与非四大会计师事务所审计的上市公司相比四大会计师事务所审计的上市公司运用衍生金融工具更倾向于避险，验证了假设 3，四大会计师事务所审计对衍生金融工具运用风险的制约作用更为有效。

（2）内部治理要素的效应

表 6-5 分别从股权结构、董事会特征、高管特征三个角度反映了公司内部治理要素对上市公司运用衍生金融工具风险的制约作用。

如表 6-5 所示，模型一显示了将实际控制人性质、股权集中度和股权制衡度三个股权结构特征变量作为解释变量、将运用衍生金融工具不同风险效应作为被解释变量的 Logistic 回归结果。回归结果显示，实际控制人类别变量的回归系数在 5% 的水平上显著为正，说明与非国有控股上市公司相比，国有控股上市公司运用衍生金融工具后的风险显著降低，实际控制人性质为国有控股公司对衍生金融工具运用风险的制约作用更为有效；股权制衡度变量的回归系数在 5% 的水平上显著为正，说明股权制衡越有效的上市公司运用衍生金融工具后的风险下降越显著，越有利于衍生金融工具避险作用的发挥；股权集中度变量的回归系数为正，但并不显著，说明第一大股东持股比例越高的公司越倾向于运用衍生金融工具避险。

表 6 - 5　内部治理要素对上市公司衍生金融工具
运用风险影响的检验结果

变量	预测符号	模型一	模型二	模型三
Constant	?	- 8. 7440	- 5. 915	- 5. 893
		(7. 060)***	(3. 781)*	(3. 949)**
CBG	+	0. 770		
		(4. 592)**		
SH	+	- 0. 014		
		0		
Z	+	0. 014		
		(5. 724)**		
IndepR	+		0. 002	
			0. 009	
Activity	+		- 0. 069	
			(4. 164)**	
SES	+			0. 067
				0. 599
Duality	-			- 0. 978
				(3. 768)**
SIZE	+	0. 260	0. 207	0. 171
		(3. 511)*	2. 548	1. 787
LEV	+	1. 387	1. 254	1. 345
		(2. 860)*	2. 310	2. 684
YEARi	?	已控制	已控制	已控制
INDUi	?	已控制	已控制	已控制
Nagelkerke R Square		0. 216	0. 181	0. 191

注：*** 表示 1% 显著性水平；** 表示 5% 显著性水平；* 表示 10% 显著性水平。

　　模型二显示了将独立董事比例和年内董事会开会次数作为董事会制约要素解释变量、将运用衍生金融工具不同风险效应作为被解释变量的 Logistic 回归结果。回归结果显示，独立董事比例变量的回归系数为正，但不显著，说明独立董事比例越高的上市公司越倾向于运用衍生金融工具避险，独立董事比例对制约上市公司衍生金融工具运用风险能够起到制约作用，但是这种制约作用并不显著，这可能与中国独立董事比例不高、独立性不强等独立董事制度尚不完善有关；年内董事会开会次数变量的回归系数为负且在 5% 的水平上显著，说明年内董事会开会次数越多的上市公司越倾向于运用衍生金融工具投机，董事会会议并没有起到风险事前防范的作用，相反，董事会会议更可能是对风险损失的事后管理。

模型三显示了将高管持股比例和二职合一两个高管制约要素作为解释变量、将运用衍生金融工具不同风险效应作为被解释变量的 Logistic 回归结果。回归结果显示，二职合一变量的回归系数为负且在 5% 的水平上显著，说明董事长与总经理二职合一的公司更倾向于运用衍生金融工具投机。高管持股比例的回归系数为正，但并不显著，这一方面说明高管持股比例对衍生金融工具避险作用的发挥有积极的影响；另一方面又说明由于中国高管薪酬激励制度作用有限，高管在运用衍生金融工具避险的过程中并没有充分发挥作用。上述结果表明董事长与总经理的二职分离、提高高管持股都有助于上市公司运用衍生金融工具避险作用的发挥。

2. 综合机制的治理效应

如表 6-6 所示，"外部监管"显示了将政府监管、市场监管和审计监管三个外部治理要素作为解释变量加入同一模型的回归结果。从回归结果我们可看出，所有的公司外部监管变量的回归系数与显著性和本书前文实证检验所得出的结果基本一致。上述结果表明中央企业、机构投资者、外部独立审计对上市公司衍生金融工具运用风险的制约能够发挥一定作用，同时也表明政府监管和市场监管发挥的作用有限，应当进一步加强。

表 6-6　综合治理机制对上市公司衍生金融工具
运用风险影响的检验结果

变量	预测符号	外部监管	内部治理	综合机制
Constant	?	-3.318	-10.088	-6.067
		1.154	(8.083)***	2.703
CC	+	0.227		0.492
		0.442		1.611
JC	+	0.005		0.003
		0.554		0.095
BF	+	0.756		1.083
		(3.51)*		(5.62)**
CBG	+		0.902	1.038
			(5.669)**	(6.58)***
SH	+		-0.853	-1.105
			0.313	0.74
Z	+		0.016	0.018
			(6.9)***	(7.482)***
IndepR	+		0.004	0.005
			0.056	0.064
Activity	+		-0.091	-0.301
			(5.822)**	(6.75)***
SES	+		0.08	0.072
			0.493	0.516
Duality	-		-0.971	-1.071
			(3.424)**	(3.987)**

变量	预测符号	外部监管	内部治理	综合机制
SIZE	+	0.051	0.338	0.172
		0.144	(5.116)***	1.223
LEV	+	1.38	1.856	2.091
		(2.964)*	(4.166)***	(4.948)**
YEARi	?	已控制	已控制	已控制
INDUi	?	已控制	已控制	已控制
Nagelkerke R Square		0.146	0.281	0.318

注：*** 表示 1% 显著性水平；** 表示 5% 显著性水平；* 表示 10% 显著性水平。

　　"内部治理"显示了将公司股权结构、董事会和高管特征三个内部治理要素作为解释变量加入同一模型的回归结果。从回归结果我们可看出，所有的公司内部治理变量的回归系数与显著性和本书前文实证检验所得出的结果基本一致。上述结果表明国有控股、股权制衡、提高独立董事比例、提高董事会会议效率、董事长与总经理的二职分离、提高高管持股比例都有助于衍生金融工具避险作用的发挥。

　　"综合机制"显示了将外部监管和内部治理要素作为解释变量加入同一模型的回归结果。从回归结果我们可看出，所有的治理变量的回归系数与显著性和本书前文单一机制实证检验所得出的结果基本一致。但是从方程的 Nagelkerke R Square 看，外部治理机制的 Nagelkerke R Square 为 0.146，内部治理机制的 Nagelkerke R Square 为 0.281，综合治理机制的 Nagelkerke R Square 为 0.318，研究表明内部治理机制较外部治理机制在上市公司衍生金融工具风险治理方面更为有效，且内部治理机制与外部治理机制之间的互补效应和替代效应促进了综合治理机制整体水平的提高，从而降低了上市公司运用衍生金融工具的风险。

四 结论与启示

本章按照其风险效应，将 2007～2009 年运用衍生金融工具的非金融类上市公司进一步分为投机公司和避险公司，从外部治理要素和内部治理要素两个角度，分别考察单一治理机制和综合治理机制对上市公司运用衍生金融工具风险效应的制约作用，得出以下两点结论。

第一，从单一治理机制看，作为外部治理变量的政府监管、市场监管和审计监管对于上市公司衍生金融工具运用风险能够发挥一定的制约作用，其中审计监管的风险制约作用最为显著，而政府监管和市场监管发挥的作用有限，应当进一步加强；作为内部治理变量的股权结构、董事会和高管特征对上市公司衍生金融工具运用风险的制约能够发挥作用，其中控制人性质、股权制衡度、独立董事比例、董事长与总经理的二职分离、高管持股比例的制约作用比较显著。

第二，从综合治理机制看，外部治理机制和内部治理机制共同构建的综合治理机制能够降低上市公司运用衍生金融工具的风险。

上市公司运用衍生金融工具的风险治理是一个复杂的问题。本质上，外部治理是以竞争为主线的外在制度安排，其治理载体是市场环境；内部治理是以产权为主线的内在制度安排，其治理载体是公司本身。衍生金融工具风险管理应根据"竞争"与"产权"这两条主线，构建由外部治理与内部治理组成的衍生金融工具风险管理体系，促进利益相关者竞合关系的形成，降低衍生金融工具运用风险，实现公司价值的最大化，从而提高风险治理效率。

第七章
上市公司衍生金融工具
风险管理策略

为了提供解决问题的有序流程、有效措施、有度监管，本章将在前面理论分析和实证检验的基础上，进一步提炼研究结果所蕴含的学术意义和实践价值，针对中国上市公司衍生金融工具运用风险提出相应的政策建议，构建中国上市公司衍生金融工具风险管理的总体框架，并有针对性地提出完善中国上市公司衍生金融工具运用风险的具体措施，指出今后研究工作可以进一步探讨的问题。

一 构建上市公司衍生金融工具风险管理的总体框架

通过前文的理论分析和实证研究，结合非金融类上市公司衍生金融工具的特点，可以得出非金融类上市公司运用衍生金融工具风险管理的总体框架。

（一）风险管理目标

上市公司衍生金融工具风险管理的主要目标是确保上市公司的

安全和防范衍生金融工具风险。将安全作为第一目标，有两个方面理由。第一，理论分析表明，在衍生金融工具的本质特征、信息不对称和投机动机三方面的共同作用下，运用衍生金融工具不可避免地会产生风险；在衍生金融工具的外部性、金融市场的稳定性和会计公允价值计量属性三重作用的影响下，风险从市场的直接参与者向信息使用者、从金融行业向实体经济迅速传导、不断扩大。第二，实证研究表明，从动机上看，中国上市公司运用衍生金融工具进行避险和盈余管理的动机同时存在；从风险效应上看，上市公司运用衍生金融工具后，其市场风险显著提高，且这些市场风险并没有在财务报告中得到充分反映。上述理论与实证分析表明，运用衍生金融工具的风险具有复杂性、隐蔽性和破坏性。另外，上市公司在衍生金融工具交易中往往是终端用户，无论在信息、技术还是在风险的承受能力上都处于劣势。因此，衍生金融工具的特点和上市公司在衍生金融工具交易中的地位这两个双重特性决定了在衍生金融工具风险管理中，应当将安全目标放在第一位，而将收益目标放在第二位。

（二）　风险管理模式

风险管理应兼顾外部治理和内部治理。外部治理则是指与公司利益相关者（政府、债权人、供应者等）之间的制度安排和制衡机制，内部治理是指公司内部所有者和经营者之间的监督框架和制约机制。上市公司衍生金融工具风险的管理也应包括外部治理和内部治理两个部分，外部治理通过政府监管、市场监管和审计监督的制度安排，以竞争为手段发挥治理作用，内部治理通过协调所有者和经营者相关利益主体发挥激励与约束作用，外部治理与内部治理相互协调配合，共同发挥治理作用，降低上市公司衍生金融工具的运用风险，实现公司价值最大化。

（三）风险管理主体

衍生金融工具风险管理的主体与衍生金融工具风险管理的模式相对应。根据衍生金融工具风险管理的模式，上市公司衍生金融工具风险管理的主体应分为外部主体和内部主体。外部主体侧重于规则制定和事后惩戒，而内部主体侧重于风险识别、风险控制和风险管理效果监控。促进外部风险管理合力形成的关键在于明确外部主体安排与监管权配置，也就是主要解决如何协调不同外部主体之间的监管行为和可能发生的利益冲突，如何监督监管者的监管行为和如何界定政府监管主体与行业监管、社会舆论监管主体的边界等。促进内部风险管理合力形成的关键在于上市公司内部风险（包括衍生金融工具风险）管理组织的建立。前文的理论分析和实证检验表明内部治理对中国上市公司运用衍生金融工具的风险治理更为有效。因此，上市公司衍生金融工具风险管理主体应坚持内部、外部主体相互协调，突出内部风险管理主体的核心作用。

（四）风险管理过程

借鉴美国反虚假财务报告委员会下属的发起人委员会对企业风险管理的定义，本书认为衍生金融工具风险管理是应用于衍生金融工具投资的全过程，针对上市公司运用衍生金融工具的各种风险，在上市公司总体战略目标和衍生金融工具运用目标的指引下，由外部风险治理主体和内部风险治理主体共同参与，识别风险并设计控制风险的方法和组织结构，将衍生金融工具风险的影响控制在能承受的最低限度内。上市公司衍生金融工具风险管理过程应为涵盖事前风险管理、事中风险管理和事后风险管理的全过程风险管理，包括三个步骤。

　　第一个重要步骤是风险评估。风险管理的有效性依赖于对风险因素识别的全面性和测量的准确性，因此，需要有科学的风险评估模型和方法来达到以下目的：高层管理者可以清楚地观察到衍生金融工具的风险类型和风险敞口；确定用于防范实质性风险和抓住新投资机会的资源配置方案；提供对风险进行客观、持续检测的模型。基于以上目的，风险评估应该包括以下几个步骤：风险因素识别、风险因素排序、风险因素分类。

　　第二个步骤是风险处理，这也是上市公司衍生金融工具风险管理过程的核心步骤。风险处理包括两方面的内容——风险控制和风险利用。风险控制是控制风险事件发生的动因、环境、条件等，以确保企业承担的风险总量在企业总风险容量内。风险控制分析的技术方法有三种——情景分析、经济资本金和风险指标（或称早期预警系统）。风险利用的目的是保证公司承担的风险具有最高的风险调整收益率。风险利用的分析方法主要有：风险价值 VaR 方法、风险调整资本收益率、经济创收、股东价值和股东增加值等。

　　上市公司衍生金融工具风险管理过程的最后一个关键步骤是风险管理效果监控。衍生金融工具风险不仅受到企业微观环境的影响，还受到国家乃至国际宏观环境的影响，各种风险以及风险对公司影响的方式是不断变化的，因此需要对衍生金融工具风险进行动态的效果监控，在动态监控的过程中不断充实和完善对衍生金融工具的风险管理。

　　根据以上分析，本书建立了上市公司衍生金融工具的风险管理总体框架（见图7－1）。在衍生金融工具风险管理框架体系中，以风险管理目标为核心，突出内部治理的责任主体地位，强化衍生金融工具风险的全过程、全要素风险管理。其基本要义是：衍生金融工具的风险管理目标→风险管理的一般模式→风险管理的责任主体→风险管理的基本程序。其中，风险管理目标是"方向盘"，风险管理过程是"发动机"，风险治理模式是"刹车"，在风险管理主体这个"司机"的指挥下三者协调配合，为上市公司运用衍生金融工具保驾护航。

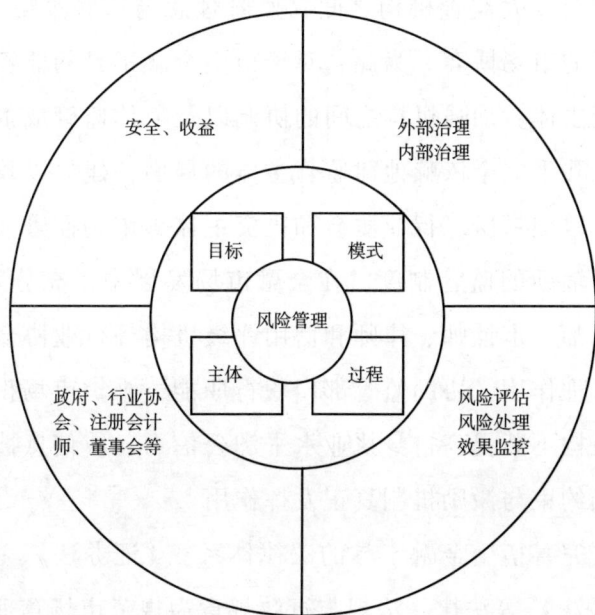

图 7 - 1　上市公司衍生金融工具的风险管理总体框架

二　完善上市公司衍生金融工具风险管理的具体措施

依据上市公司衍生金融工具风险管理的总体框架，本书从外部治理和内部治理两个角度提出完善中国上市公司衍生金融工具风险管理的具体措施。外部治理应以结果监管为导向，注重法律法规建

设和事后惩戒；内部治理则以过程监管为导向，注重上市公司衍生
金融工具风险的过程控制。

（一）健全衍生金融工具的监管制度

第一，逐步完善分层监管体系。根据新古典经济学理论，监管
的分工可能会放大监管机构之间在监管理念与监管策略上的分歧，
并引发公开的市场博弈。为此，对于衍生金融工具的监管，应进一
步明确监管主体，加强机构之间的协调以及节约监管成本。改变中
国金融监管几乎完全依赖他律监管主体的局面，建立以政府依法监
管为基础，以交易所、行业协会和投资主体等市场监管为核心，以
审计监管为辅助的监管制度。在金融市场发展中，充分发挥证券、
期货、会计师、审计师、律师和信用评级机构等行业协会或自律组
织的自律管理作用，协助监管部门履行职能，维护市场秩序，促进
中介服务机构不断提高自身执业水平和公信力，使信息披露和信息
评级等市场约束与激励机制真正发挥作用。

第二，完善衍生金融工具的法律体系。《证券法》、《公司法》
和《反洗钱法》等法律、法规与行政规章为规范市场管理、维护市
场秩序提供了有力支持。但是鉴于中国上市公司运用衍生金融工具
的数量和规模不断增长，还应尽快制定和完善《金融衍生工具市场
监管法》、《期货法》、《期权法》等法律与规章制度，以保证衍生
金融工具市场监管框架的稳定性、持续性和一致性；完善《企业会
计准则》中有关衍生金融工具业务确认、计量、披露的相关规定，
强化会计监管在衍生金融工具风险管理中的作用。

第三，加强国际监管合作。由于衍生金融工具风险的传导具有
国际性特点，中国有必要通过实施细则、司法解释等形式，将成熟
且有效的做法法律化，赋予监管机构参与定期及突发事件下国际监

管合作的权力。一是做好监管权限协调，明确国内不同金融监管机构之间、国内和国外监管机构之间的职责范围，建立信息交流和共享机制；二是建立合理的风险报告制度，对于跨国衍生金融工具业务，既应保证被监管者拥有充分的自主决策权，又有利于监管机构及时发现风险、控制风险。三是建立危机协作救助预案，对突发事件及相关风险的性质、范围做出限制并在各监管机构间建立稳妥、合理的危机处理和危机救助预案，通过协作明确职责、优化程序，维护衍生金融工具市场乃至整个金融市场的稳定和发展。

（二）加强上市公司衍生金融工具业务的信息披露和报告

第一，完善衍生金融工具业务信息的对外披露。衍生金融工具业务信息的对外披露，既是外部投资者做出投资决策的依据，也是监管部门实施监管的基础（马颖，2011）。前文的理论分析表明信息不对称是衍生金融工具风险产生的重要条件，实证研究表明中国上市公司运用衍生金融工具的市场风险并没有在财务报告中得到充分披露。因此，上市公司应当按照会计准则的要求对衍生金融工具进行确认、计量和报告，充分披露衍生金融工具的价值和风险信息。鉴于目前中国上市公司衍生金融工具业务披露的现状和存在的问题，本书建议应从以下几个方面进行改进。

一是规范衍生金融工具表内信息披露。对于资产负债表，首先严格按照新准则对金融资产、非金融资产分类的要求，对衍生金融工具在资产负债表中予以列报。建议在交易性金融资产项目中增设子目"非衍生性金融资产"和"衍生性金融资产"，在流动资产和非流动资产中分别增设"套期保值的金融资产"项目，在流动负债和非流动负债中分别增设"套期保值的衍生性金融负债"项目。对于利润表项目，在传统利润表"投资收益"项目下增设"衍生金融工具损益",反映已实现损益,在其他全面收益中增设"已确认未实现衍生金融工具损益",并按投机、避险目的分别反映远期合约、期权、期货、互换等工具未实现损益。对于现金流量表项目,建议在经营活动现金流量项目中增设"公允价值变动列入损益的金融资产的减少(增加)";在投资活动现金流量项目中增设"出售(购买)金融资产"项目;在筹资活动现金流量项目中增设"金融资产或负债的增加或减少"项目,以对企业开展金融工具业务所产生的现金流量进行全面反映。

二是加强衍生金融工具信息附注披露。为了更好地揭示金融工具对企业财务状况和经营成果影响的重要程度,为投资者的投资决策提供支持,上市公司应该严格按照准则的要求并结合成本收益原则以及企业自身的特点在会计报表附注部分详尽地披露衍生金融工具的相关信息。为提高中国企业会计报表披露的风险信息质量,衍生金融工具信息表外披露至少应包含以下内容:其一,影响衍生金融工具未来现金流量金额、时间和确定性的重要因素且在明细表中未能列出的特殊的合同条款和条件;其二,与衍生金融工具相关的风险及避险措施;其三,对衍生金融工具初始确认、后续确认和终止确认的时间标准;四是确认和计量衍生金融工具所引起的盈利和亏损的基础;五是衍生金融工具采用公允价值计量的来源、计量模型的选择、模型参数的赋值区间及模型修订的频率(韩传模、王桂姿,2007)。

第二,加强衍生金融工具业务信息的对内报告。本书认为企业衍生金融工具业务作业部门日常工作形成的数据、文字只能为企业的风险管理提供基础资料,并不适合管理者做出风险决策,上市公司应当在风险实时预警模型系统的基础上建立一个适应衍生金融工具业务快速反应机制的对内风险报告系统。这一报告系统既能实现风险管理部门对业务部门进行风险实时监控,又能为上市公司的会计部门提供公允价值计量和会计报表披露所需的资料。而且，根据实时预警模型的结果，风险管理部门可以分析上市公司衍生金融工具面临的风险以及时制定风险对策；内部审计部门可以评估有关部门的风险业绩和检查公司衍生金融工具业务内部控制的有效性。对于超过预先制定的风险限额，内部风险报告系统将为上市公司的风险管理委员会等决策部门提供衍生金融工具业务的危机预警信息，实现上市公司衍生金融工具业务部门、会计部门、风险管理部门、内部审计部门以及管理决策部门相互制约、相互协调的衍生金融工具风险对内报告系统。

（三）完善公司治理结构

公司治理是风险管理的前提。如果公司不强化治理结构的基础建设，就很难有效地进行风险管理（谢志华，2007）。株冶期货事件、中航油石油期权事件等衍生金融工具投资失败案例都是企业公司治理存在缺陷、内部缺乏监管和权力制约机制而最终导致衍生金融工具投资出现巨额损失。从上市公司衍生金融工具运用风险治理效应的实证分析看，以公司治理为核心的内部治理机制比外部治理机制在上市公司运用衍生金融的风险治理方面更为有效。因此，上市公司应进一步优化公司治理结构，使内部治理在衍生金融工具风险管理中发挥更大的作用。

第一，优化股权结构。股权结构是公司治理结构的产权基础。它首先决定了股东结构和股东大会，从而对董事会以及监事会的人选和效率产生直接的影响，进而影响企业的决策机制和监督机制。从中国现阶段运用衍生金融工具的上市公司性质上看，大部分公司属于国有及国有控股公司，这导致股权过于集中而制衡度不足。由于国有及国有控股公司产权缺位，委托代理关系不清晰，事实上产权所有者和产权经营者的利益链条被割裂，不仅淡化了所有者对管理者的责任意识，而且管理者也放松了对市场的风险意识，这导致其运用衍生金融工具的投机倾向更为突出。因此，应不断优化上市公司的股权结构、适度引入机构投资者、降低股权集中度、强化中小股东对大股东的权利制衡、激励与监督并举，以有效管理衍生金融工具风险。

第二，充分发挥董事会的监督作用。董事会作用的发挥依赖于董事会的独立性和公正性。大量研究表明，提高董事会中独立董事的比重可以在一定程度上增强董事会的独立性和公正性，加强董事会对公司管理当局的监督与制约作用。实践证明，中国独立董事制度的建立在提高上市公司治理水平中确实发挥了积极作用。前文的实证研究结果也表明，独立董事比例越高的上市公司越倾向于运用衍生金融工具避险。这说明独立董事比例对上市公司衍生金融工具运用风险能够起到制约作用，但同时结果也显示这种制约作用并不显著。这与目前中国独立董事制度还不完善有关。独立董事发挥作用的基础主要是声誉机制。因此，应从选聘制度、激励约束机制等方面完善独立董事制度。

第三，提高对管理层的激励水平。长期以来，论及公司治理大多关注对经营者的监督、制衡，也就是更加关注对经营者的约束方面。从理论上说，自公司制企业形成后，为了保证经营者的行为与所有者的目标达成一致，对经营者的激励和拘束是两个相辅相成的方面，其实质关系是对经营者的激励到位、有效，约束行为就可以减少，约束成本就会降低；对经营者的激励机制本身也具有约束的性质。前文对上市公司运用衍生金融工具风险治理效应的分析表明，高管持股比例对上市公司运用衍生金融工具避险作用的发挥有积极的影响，但是作用有限，这与中国现阶段管理层持股普遍较低、激励不足有关，这说明中国现阶段对高管薪酬激励制度效果有待提高。

（四）建立风险管理内部组织

为了达到风险控制的目标，保证公司治理机制有效发挥作用，建立上市公司内部风险（包括衍生金融工具风险）管理组织至关重要。因此本书建议在上市公司内部建立层级分明、有效协调的风险管理内部组织（见图7－2）。

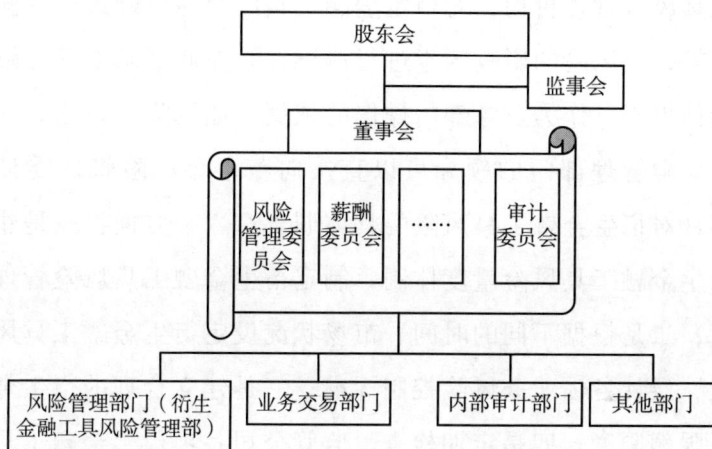

图7－2　风险管理内部组织模式

第一，董事会为上市公司风险管理组织的最高层级，为公司承担起风险管理的最终责任，负责风险管理的基本政策和战略的制定。在衍生金融工具风险管理方面，其主要职责包括以下几个方面：根据公司的风险偏好制定衍生金融工具风险管理的目标；根据衍生金融工具风险管理的目标，分配风险控制的责任；批准风险管理委员会提交的有关衍生金融工具风险管理的建议。

第二，董事会内部的风险管理委员会是上市公司风险管理组织的中间层级，负责包括衍生金融工具在内的风险管理政策和程序的制定获批准，主导公司衍生金融工具风险文化，负责衍生金融工具风险限额在不同部门、不同业务品种之间的分配，监督各有关部门贯彻执行衍生金融工具的风险控制措施。

第三，风险管理部门是上市公司风险管理组织的具体执行部门，董事会下设一个独立的风险管理部门来负责进行日常的风险管理，在风险管理委员会的指导下，具体负责企业风险管理事宜。如果衍生金融工具交易比重较大的上市公司，还应该设立专门的衍生金融工具风险管理机构，对衍生金融工具的交易风险进行预测、分析、比较，对风险的影响因素进行测试，并在此基础上撰写较为合理的评估报告，作为业务部门操作的依据。如风险敞口达到一定的标准，风险管理部门的领导可以直接向董事会风险管理委员会报告。其针对衍生金融工具风险的具体职责有六个方面：一是建立合理的衍生金融工具风险量度体制，制定衍生金融工具风险管理的各项制度；二是根据不同的时间、市场状况设定衍生金融工具风险管理系数，设计各项业务风险控制标准；三是建立合理的衍生金融工具交易限额制度；四是定期检查、监管公司各项衍生金融工具业务风险程度，检查衍生金融工具业务部门使用的定价模型、计价体系；五是分析各项衍生金融工具的业务的风险特性及公司衍生金融工具风险构成与发展趋势，定期评估并及时向风险管理委员会报告公司衍生金融工具的风险状况；六是就存在的问题与各业务部门进行联系，提出衍生金融工具风险管理的办法。

为了保证风险管理部门的独立性，从事风险管理的人员必须与从事衍生金融工具交易的人员分开，不得兼任；为了保证权力的制约，内部审计部门应当对衍生金融工具交易的内部控制的有效性进行监督，对风险管理部门的风险管理业绩进行评价。

（五）完善内部控制

美国反虚假财务报告委员会下属的发起人委员会认为风险管理由八个要素组成：内部环境、目标设定、事件识别、风险评估、风险对策、控制活动、信息与沟通、监督。而内部控制由五个要素组成：控制环境、风险评估、控制活动、信息与沟通、监督。显然，内部控制是风险管理不可分割的一部分。基于中国上市公司衍生金融工具内部控制的不足，应从以下方面建立和完善针对衍生金融工具业务的内部控制。

第一，建立良好的内部控制环境。控制环境是职员履行其控制责任、开展业务活动所处的氛围，包括职员的品性（如操守、价值观和胜任能力）和经营环境。对于衍生金融工具业务，建立积极而谨慎的内部控制环境尤为重要。一是培育企业风险文化。董事会和管理层应当在企业内部培育风险文化，强化从事衍生金融工具相关业务的人员尤其是高级管理人员的风险意识，时刻认识到衍生金融工具的潜在风险以及加强内部控制的重要性；管理层还应当建立衍生金融工具风险管理的具体内部控制制度，对于不按照制度规定导致的操作风险行为，应当及时予以惩罚，从而在企业内部营造一个良好的控制环境。二是提高相关人员的专业能力。从事衍生金融工具业务的上市公司董事会内的风险管理委员会和其下设的风险管理部门中必须有熟知衍生金融工具的专业人员，同时还应当强化衍生金融业务有关人员的储备和培训，提高员工的专业能力。

第二，建立有效的风险评估机制。本书认为建立上市公司有效的风险评估机制应包括如下三方面内容。一是建立合理的衍生金融工具风险指标。中国上市公司衍生金融工具风险指标要具有多元性，不仅要涵盖能够客观、全面地反映衍生金融工具风险变化状况的财务指标，而且要涵盖能够突出衍生金融工具风险控制关键点的非财务指标；不仅要涵盖反映衍生金融工具市场风险、信用风险、流动性风险、操作风险等基本风险的指标，而且要涵盖上市公司运用衍生金融工具时所面临财务风险、现金流量风险等总量风险指标。二是应用科学的衍生金融工具风险评估方法。本书建议上市公司采用风险价值法度量衍生金融工具风险，会计人员在会计期中或会计报表日内向董事会的风险管理委员会提交衍生金融工具风险头寸量化信息、公允价值计量的依据、特定衍生金融工具交易避险有效性的后续评估。三是构建衍生金融工具风险实时预警模型。针对衍生金融工具交易风险的复杂性、非线性和智能化等统计中的线性回归模型很难解决问题，本书建议上市公司构建具有高度容错能力和学习能力的人工神经网络（ANN）实时预警模型。

中国上市公司衍生金融工具业务的发展加大了企业的风险，迫切需要完善上市公司衍生金融工具风险管理总体框架和具体措施，对衍生金融工具的风险进行管理。在衍生金融工具风险管理总体框架的指引下，通过具体措施的完善，使风险管理体系的"质"与"量"得到整合，达到对衍生金融工具风险管理的监管制度层次化、信息披露透明化、内外治理协调化、风险管理部门独立化、内部控制科学化，构建中国上市公司衍生金融工具的风险监控体制，以使中国企业提高自身的避险和竞争能力。

三　未来的研究展望

针对上市公司运用衍生金融工具所导致的企业风险，本书结合中国非金融类上市公司运用衍生金融工具的实际，从风险管理视角对上市公司运用衍生金融工具的风险运行机制进行了系统的理论分析，并从运用衍生金融工具的公司特征、风险效应以及风险治理效应三个方面进行了实证分析。本书主要针对次贷危机时期，中国上市公司运用衍生金融工具的特点及风险防范策略。随着世界经济形势的变化和中国经济结构调整，在后金融危机时代，衍生金融工具在企业风险管理中将发挥更的作用。未来，笔者将不断深化本领域的研究，重点分析后金融危机时代中国上市公司衍生金融工具运用的风险防范。

（一）后金融危机时代企业面临的经济形势

1. 世界经济形势

金融危机之前的近 20 年时间里，全球信息技术飞速发展，房地产泡沫逐步累积，衍生金融工具在全球尤其是美国等发达国家日益盛行，很多新经济受益者坚决抵制对飞速发展的金融衍生创新进行监管，当时，包括著名金融大亨索罗斯在内的"新经济宠儿"都反对对新经济下的金融进行监管。美国经济在几乎没有政府监管的情况下高度杠杆化。国际金融危机之后，无论是理论界还是实务界都将矛头指向过度自由化的金融创新，认为其是导致美国金融危机爆发的主要原因之一。

2008 年始于美国的金融危机极大地改变了全球的经济格局，世界经济的运行结构和治理结构都发生了深刻的变革。2009 年，全球最大的债券基金——美国太平洋投资管理公司的两位首席投资官比尔·格罗斯和穆罕默德·埃利安认为，2008 年国际金融危机之后世界经济特别是发达国家经济发生的变化的具体特征为增长乏力、失业率持续高企、私人部门去杠杆化、公共财政面临挑战，以及经济增长动力和财富活力从工业化国家向新兴经济体转移。

樊纲（2009）提出了后危机时代的五个趋势：第一，世界主要发达国家的消费率将降低，储蓄率将提高；第二，回归实业；第三，市场竞争将越来越激烈；第四，低碳经济将是一个新的增长点；第五，新兴市场国家将在危机之后占据市场空间更大的比重。

总之，次贷危机给世界经济带来了深刻的变革，新经济泡沫破灭引发的"危机"局面在一定时期内很难消除，由于对"次级贷"的监管重新严格起来，过度超前的信贷消费受到抑制，商业环境发生改变。企业必须适应消费理念和消费模式的转变，重新进行战略定位，对新经济泡沫泛滥时期产生的结构失衡等一系列问题也应重新进行调整。

2. 中国经济新常态

在国际经济面临深刻变革的同时，中国经济也面临着挑战。2014年，习近平总书记在河南考察时引用"新常态"一词，指出中国发展处于重要战略机遇期，我们要增强信心，从当前中国经济发展的阶段性特征出发，适应新常态，保持战略上的平衡心态。此次考察中，他还提出了中国经济"三期叠加"的判断，即经济增长速度换挡期、结构调整阵痛期、前期刺激政策消化期。

2014年7月，在与党外人士的座谈会上，习近平总书记再次提到"新常态"，指出要正确认识我国经济发展的阶段性特征，进一步增强信心，适应新常态，共同推动经济持续健康发展。

2014年11月在北京召开的亚太经合组织工商领导人峰会上，习近平总书记首次系统阐述了中国"经济新常态"的特征。第一，速度。经济增长速度从高速增长转为中高速增长；第二，结构。经济结构不断优化升级，第三产业、消费需求逐步成为主体，城乡区域差距逐步缩小，居民收入占比上升，发展成果惠及更广大民众；第三，动力。从要素驱动、投资驱动转向创新驱动。

2014 年 12 月 5 日，习近平总书记在中央政治局会议上首次提出新常态。中央政治局会议的公报中，有三处提到新常态："我国进入经济发展新常态，经济韧性好、潜力足、回旋空间大"，"经济发展新常态下出现的一些趋势性变化使经济社会发展面临不少困难和挑战"，"主动适应经济发展新常态，保持经济运行在合理区间"。

2015 年 12 月 9 日至 11 日召开的中央经济工作会议提出要科学认识当前形势，准确研判未来走势，必须历史地、辩证地认识中国经济发展的阶段性特征，准确把握经济发展新常态。认识新常态、适应新常态、引领新常态，是当前和今后一个时期中国经济发展的大逻辑。从中国经济发展的现状看，"新常态"将成为国家未来经济改革和制定发展政策的新出发点。

（二）新常态下企业运用衍生金融工具的新需求

伴随深化改革和经济发展而产生的新常态，中国上市公司对衍生金融工具的需求也将不断调整，一方面，公司将调整衍生金融工具的种类、比例，以应对国际经济形势变化对汇率、利率等的影响，提高自身在国际市场中的竞争力；另一方面，公司将通过衍生金融工具的风险规避功能应对宏观经济形势变化引发的市场价格变动风险，减弱经济周期波动的不利影响。具体表现在以下三个方面。

一是经济全球化增加了对衍生金融工具的市场需求。当今世界正发生复杂深刻的变化，国际金融危机深层次影响继续显现，世界经济缓慢复苏、发展分化，国际投资贸易格局和多边投资贸易规则酝酿深刻调整，各国面临的发展问题依然严峻。中国经济与世界经济紧密相连。2015 年，中国企业共对"一带一路"相关的 49 个国

家进行了直接投资，投资额同比增长 18.2%。2015 年，中国承接
"一带一路"国家服务外包合同金额 178.3 亿美元，执行金额
121.5 亿美元，同比分别增长 42.6% 和 23.45%。中国企业走出去
战略的不断推进，使企业在国际化经营中面对国际国内两个市场、
两种资源，对国际汇率波动的敏感性不断提升，对金融风险、市场
风险的应对能力要求越来越高，对衍生金融工具的需求必将不断
增加。

　　二是经济新常态增加了对金融衍生工具的交易需求。中国经济
正处于增长速度换挡期、结构调整阵痛期和前期刺激政策消化期，
增速调挡和结构调整带动大宗商品供求发生深刻变化，在市场需求
减少和去产能的双重压力下，原材料和产成品价格下跌、市场价格
波动日趋剧烈，企业利用期货、期权等衍生金融工具应对市场价格
变动、锁定利润以为转型升级提供空间的需求不断增强。2014 年，
中国证券监督管理委员会的报告显示，中国商品期货交易量近年来
增长迅速，已连续 5 年居全球首位，每日成交额近万亿元，占全球
期货成交量的 20% 左右。在成交量持续增长的同时，产业企业参与
套期保值的积极性也在不断提高，国内 80% 的大豆加工企业参与期
货保值避险，国内 90% 以上日压榨能力为 1000 吨以上的油厂参与
期货保值避险。

　　三是企业在利用衍生金融工具的同时更加强调对其可能产生的
风险的防范。2014 年发布的《国务院关于进一步促进资本市场健
康发展的若干意见》提出："清理取消对企业运用风险管理工具的
不必要限制"，为企业有效利用衍生金融工具管理风险奠定了基础。
为了适应中国特色社会主义市场经济的发展需要，规范金融工具的
会计处理，提高会计信息质量，根据《企业会计准则——基本准
则》，财政部于 2017 年对《企业会计准则第 22 号——金融工具确

认和计量》进行了修订。与此同时，企业对运用衍生金融工具的风险的认识也在提高，逐步建立并完善治理层、业务层和审计层的风险管理组织架构以及内部控制制度。

（三）研究展望

1. 风险信息披露对衍生金融工具投资决策的影响

前文的理论分析表明，信息不对称是运用衍生金融工具存在风险的重要原因。因此，学者们纷纷建议要完善衍生金融工具的风险信息披露制度。财政部 2017 年修订的《企业会计准则》对衍生金融工具的信息披露已提出了一些有价值的完善措施，但是有关风险信息披露对衍生金融工具投资决策的影响还是鲜有经验数据研究的支撑。投资者对哪些衍生金融工具的风险信息更为敏感，衍生金融工具风险信息披露如何影响投资者的投资决策，回答这些问题对于完善中国衍生金融工具信息披露制度，减少信息不对称将具有重要的参考意义。

2. 构建上市公司衍生工具运用风险预警模型

在金融创新时代，与衍生金融工具的更新速度相比，风险识别、控制和方法总是显得力不从心。尤其是面对世界经济和中国经济的变革，衍生金融工具在用来避险的同时，其自身的风险管理也应引起足够的重视。现有的衍生金融工具风险预警模型多是针对金融机构的特点建立评价的风险指标，并且在模型的设计、数据与参数的选定等方面存在某些缺陷和不足。从本书理论分析和实证分析发现，非金融类上市公司运用衍生金融工具同样存在巨大风险，且市场风险与财务风险并不同步，因此，针对非金融类上市公司建立有效的衍生金融工具风险预警模型具有重要的实践价值。本书针对非金融类上市公司衍生金融工具预警模型的构建提出了初步设想，具体指标和模型的选择还有待进一步深入研究。

参考文献

中文文献

专著

陈晗：《金融衍生品：演进路径与监管措施》，中国金融出版社，2008。

陈炜、沈群：《金融衍生产品避险的财务效应、价值效应和风险管理研究》，经济科学出版社，2008。

陈引、许永斌：《衍生金融工具风险与会计对策》，中国物价出版社，2003。

傅元略、Yijian He：《金融工程——衍生金融产品与财务风险管理》，复旦大学出版社，2007。

马颖：《我国衍生金融工具会计监管机制研究》，复旦大学出版社，2011。

普华永道会计师事务所主编《衍生金融产品审计》，杨松朝译审，经济科学出版社，2007。

田超：《金融衍生品：发展现状及制度安排》，中国金融出版社，2006。

徐经长：《衍生金融工具会计管理研究》，中国财政经济出版社，1998。

张国永：《衍生金融工具会计信息披露问题研究》，经济管理出版社，2009。

孙宁华：《金融衍生工具风险形成及防范》，南京大学出版社，2004。

译著

阿尔弗雷德·施泰因赫尔：《金融衍生品的发展与监管》，陈晗、张晓刚译，上海远东出版社，2003。

弗兰克·J. 法博齐、弗朗哥·莫迪利亚尼：《资本市场：机构与工具》，唐旭等译，经济科学出版社，1998。

雷蒙德·W. 戈德史密斯：《金融结构与金融发展》，周朔等译，上海人民出版社，1994。

马克·A. 特朗布利：《衍生工具与套期会计》，王荙主译，立信会计出版社，2009。

唐·M. 钱斯：《衍生金融工具与风险管理》，郑磊译，中信出版社，2004

论文

程玲莎：《公司治理、管理者动机与衍生金融工具使用》，《财经理论与实践》2016 年第 2 期。

陈远志、岳小迪：《新会计准则下衍生金融工具表内列报的影响及改进趋势研究》，《当代经济》2008 年第 6 期。

陈忠阳：《衍生金融工具与风险管理》，《经济研究参考》2001 年第 44 期。

陈欣：《金融衍生工具市场的国际监管合作》，《法学》2006 年第 3 期。

陈少华、李盈璇：《上市公司衍生金融工具风险的信息披露研究》，《现代管理科学》2013 年第 10 期。

董小君：《国际金融监管模式的比较与借鉴》，《国家行政学院学报》2004 年第 3 期。

樊纲：《后危机时代的五个趋势》，《理论学习》2009 年第 8 期。

高雷、宋顺林：《高管报酬激励与企业绩效——来自中国上市公司的证据》，《财经科学》2007 年第 4 期。

葛家澍、陈箭深：《略论金融工具创新及其对财务会计的影响》，《会计研究》1995 年第 8 期。

高苗苗：《衍生金融工具会计准则的最新国际发展与国内趋同》，《金融发展研究》2015 年第 4 期。

韩传模、王桂姿：《金融衍生工具公允价值估值模型的构建及模型风险的防范》，《估值：前沿与挑战——第七届会计与财务问题国际研讨会论文集》，2007。

贺晓波、张宇红：《商业银行风险预警系统的建立及其实证分析》，《金融论坛》2001 年第 10 期。

黄炳艺、李阳：《公司治理与上市公司系统风险关系实证研究——基于中国上市公司的证据》，《财经理论与实践》2010 年第 2 期。

姜付秀、刘志彪：《行业特征、资本结构与产品市场竞争》，

《管理世界》2005 年第 10 期。

林波、吴益兵：《法国兴业银行之劫——基于衍生金融工具内部控制的反思》，《财会月刊》2008 年第 30 期。

李明辉：《从巴林银行案和中航油事件看衍生工具的风险控制》，《当代经济管理》2006 年第 4 期。

李明辉：《论我国衍生工具内部控制机制的构建》，《会计研究》2008 年第 1 期。

李若山、吴益兵：《企业如何管理衍生金融工具投资风险——基于中信泰富外汇合约巨亏港元案例分析》，《审计与理财》2009 年第 2 期。

李艳、朱琪：《风险估值模型在衍生金融工具自愿信息披露中的应用》，《中国乡镇企业会计》2006 年第 10 期。

刘峰：《金融创新与财务会计理论的重构》，《当代财经》1996 年第 2 期。

刘红霞：《衍生金融工具创新财务风险监管框架研究》，《中央财经大学学报》2009 年第 5 期。

刘静：《我国衍生金融工具研究述评》，《上海立信会计学院学报》2005 年第 5 期。

刘芍佳、孙霈、刘乃全：《终极产权论、股权结构及公司绩效》，《经济研究》2003 年第 4 期。

刘淑莲：《衍生产品使用的目的：套期保值或套期获利？——以深南电期权合约为例》，《会计研究》2009 年第 11 期。

刘仁伍：《流动性过剩的对策》，《银行家》2007 年第 2 期。

刘文国：《衍生金融工具会计风险问题研究》，《上海金融学院学报》2008 年第 2 期。

刘奕均、胡奕明：《机构投资者、公允价值与市场波动——基

于我国 A 股市场面板数据的实证研究》，《财经研究》2010 年第
2 期。

陆德民：《衍生金融股工具的发展及其带来的会计问题》，《会
计研究》1996 年第 7 期。

贾炜莹、陈宝峰：《风险管理对我国上市公司价值和业绩影响
的实证研究——基于衍生金融工具的运用》，《财会通讯》2009 年
第 27 期。

蒋志芬：《美国次贷危机与我国金融衍生品市场发展战略选
择》，《经济学动态》2008 年第 1 期。

邱琼、顾晓安、李文卿：《使用衍生金融工具会增加企业财务
风险吗?》，《上海金融》2016 年第 8 期。

曲琳琳、林山：《当前中央企业金融衍生品投资现状、问题及
建议》，《财政研究》2009 年第 8 期。

任辉：《我国衍生金融工具的风险及监管体系构建》，《财经问
题研究》2007 年第 4 期。

邵秋琪：《上市商业银行金融衍生品运用价值效应研究》，《财
会通讯·综合》（中）2009 年第 9 期。

斯文：《外汇衍生品对冲汇率风险的企业价值效应研究——来
自中国制造业上市公司的经验证据》，《中南财经政法大学学报》
2013 年第 3 期。

斯文：《关于衍生品对银行风险承担影响的研究——基于中国
上市银行的经验证据》，《经济评论》2013 年第 5 期。

宋本强：《基于会计视角的衍生金融工具特征分析》，《上海金
融学院学报》2008 年第 3 期。

孙叶萌、侯粲然：《我国上市公司管理者过度自信与衍生金融
工具运用动机的实证研究》，《社会科学辑刊》2015 年第 3 期。

谭遥：《衍生金融工具会计监管问题研究》，《学术论坛》2011年第 8 期。

王丹舟：《衍生金融工具会计制度供求的实证调查与分析》，《暨南学报》（哲学社会科学版）2009 年第 6 期。

王守海、孙文刚、李云：《公允价值会计和金融稳定研究——金融危机分析视角》，《会计研究》2009 年第 10 期。

王志诚：《衍生金融风险管理研究进展：国际文献综述》，《管理世界》，2006。

魏杭：《K 企业衍生金融工具应用风险管理研究》，《中国管理信息化》2017 年第 3 期。

谢志华：《内部控制、公司治理、风险管理：关系与整合》，《会计研究》2007 年第 10 期。

谢志华：《关于公司治理的若干问题》，《会计研究》2008 年第 12 期。

许凌艳：《金融监管模式的变革及资本市场统合法的诞生——以金融衍生产品监管为视角》，《社会科学》2008 年第 1 期。

徐晓东、陈小悦：《第一大股东对公司治理、企业业绩的影响分析》，《经济研究》2003 年第 2 期。

杨雨宇、王海峰：《提高衍生金融工具信息披露透明度的探讨》，《中央财经大学学报》2006 年第 7 期。

叶康涛、陆正飞、张志华：《独立董事能否抑制大股东的"掏空"?》，《经济研究》2007 年第 4 期。

叶永刚、肖文、李黎：《衍生工具信用风险控制、历史演进与发展新趋势》，《金融研究》2000 年第 6 期。

袁皓：《对衍生金融工具会计监管的研究》，《国际商务财会》2005 年第 12 期。

曾秋根：《套期保值、经营业绩波动性与股东价值关系的实证分析》，《财会月刊》（理论）2007年第3期。

张红梅、胡珑瑛：《对衍生金融工具风险的控制措施研究》，《哈尔滨工业大学学报》（社会科学版）2009年第5期。

张俊瑞、赵进文、张建：《高级管理层激励与上市公司经营绩效相关性的实证分析》，《会计研究》2003年第9期。

郑莉莉、郑建明：《我国上市公司使用外汇衍生金融工具的影响因素研究》，《财贸经济》2012年第6期。

郑明川、徐翠萍：《衍生金融工具风险信息的 VaR 披露模式》，《会计研究》2002年第7期。

支晓强、童盼：《盈余管理、控制权转移与独立董事变更——兼论独立董事治理作用的发挥》，《管理世界》2005年第11期。

周嘉南、黄登仕：《上市公司高级管理层报酬业绩敏感度与风险之间关系的实证检验》，《会计研究》2006年第4期。

黄颖利：《衍生金融工具风险信息实时披露与预警研究》，博士研究生学位论文，东北林业大学，2005。

黄益平：《我国上市银行衍生金融工具信息披露研究》，硕士研究生学位论文，厦门大学，2009。

江百灵：《衍生金融工具风险的会计监控研究》，博士研究生学位论文，厦门大学，2009。

李翔：《衍生金融工具会计论》，博士研究生学位论文，山东农业大学，2004。

刘宇：《保险机构衍生金融工具运用的经济学分析》，博士研究生学位论文，华东师范大学。

宋晋芳：《企业衍生金融工具及其风险的会计监控研究》，硕士研究生学位论文，天津财经大学，2007。

沈群:《金融衍生品对企业财务与经营业绩的影响——中外比较研究》,博士研究生学位论文,厦门大学,2007。

吴艳琴:《上市公司业绩波动研究——基于金融工具公允价值计量的视角》,博士研究生学位论文,中央财经大学,2010。

杨昕:《衍生金融工具的会计处理及其会计风险研究》,硕士研究生学位论文,对外经济贸易大学,2006。

外文文献

Adam, Tim, and Fernando, Chitru, "Hedging, speculation, and share holder value", *Journal of Finance and Economics* 81 (2006): 283 – 309.

Alkeback, P., and Hagelin, N., "Derivative usage by non-financial firms in Sweden with an international comparison", *Journal of International Financial Management and Accounting* 10 (1999): 105 – 120.

Allayannis, George, and Eli Ofek, "Exchange rate exposure, hedging, and the use of foreign currency derivatives", *Journal of International Money and Finance* 20 (2001): 273 – 296.

Allayannis, George, Ihrig, Jane, and Weston, James, P., "Exchange – rate hedging: Financial versus operational strategies", *American Economic Review Papers and Proceedings* 2 (2001): 391 – 395.

Arbel, Avner, Paul J. Strebel, "Pay attention to neglected firms", *Journal of Portfolio Management* 9 (1983): 37 – 42.

Berkman, Henk, and Michael Bradbury, "Empirical evidence on the corporate use of derivatives", *Financial Management* 25 (1996): 5 – 13.

Bessembinder, Hendrik, "Forward contracts and firm value: Investment incentive and contracting effects", *Journal of Financial and*

Quantitative Analysis 26 (1991): 519 – 532.

Black, F., and Scholes, M., "The Pricing of Options and Corporate Liabilities", *Journal of Political Economy* 81 (1973): 5 – 6.

Bodnar, Gordon, Gregory Hayt and Richard Martson, "Wharton survey of financial risk management by US non-financial firms", *Financial Management* 25 (1998): 113 – 133.

Bowman, E. H., "A Risk/Return Paradox for Strategic Management", *Sloan Management Review* 21 (1980): 17 – 31.

Breeden, Douglas and Viswanathan, "Why do firms hedge? An asymmetric information model", Working Paper, Dure University, 1998.

Brennan, M., "The individual investor", *Journal of Financial Research* 18 (1995): 59 – 74.

Brickley, J., James, C., "The take overmarket, corporate board composition and ownership structure: The case of banking", *Journal of Law and Economics* 30 (1987): 161 – 180.

Brown, Gregory, W., and Klaus Bjerre Toft, "How firms should hedge", *Review of Financial Studies* 15 (2002): 1283 – 1324.

Brown, Gregory, W., Peter Crabb and David Haushalter, "Are firms successful at selective hedging?" Working Paper, The University of North Carolina at Chapel Hill and Northwest Nazarene University, 2003.

Carter, D. A., and Sinkey, J. F., "The Use of Interest Rate Derivatives by End-users: The Case of Large Community Banks", *Journal of Financial Services Research* 1 (1998): 17 – 34.

Carter, David, Rogers, Daniel, A., and Simkins, Betty, J., "Does fuel hedging make economic sense? The case of the US airline industry", AFA 2004 San Diego Meetings, 2004.

Chidambaran, N. , John, K. , "Relationship investing and corporate governance", Working Paper, Tulane University and New York University, 2000.

Choi, J. , and Wong, T. J. , "Audit markets and legael environments: An international investigation", Working Paper, The Hong Kong University of Science and Technology, 2005.

Conghlan, A. T. , Sehmidt, R. M. , "Executive Compensation, Management Turnover, and Firm Performance: An Empirical Investigation", *Journal of Accounting and Economics* (1985): 1 – 3.

DeAngelo, L. , "Auditor Size and Audit Quality", *Journal of Accounting and Economics* 13 (1981): 183 – 199.

Dechow, P. , Sloan, R. , and Sweeney, A. , "Detecting Earnings Management", *The Accounting Review* 70 (1995): 193 – 225.

DeFond, M. , and Park, C. , "Smoothing in anticipation of future earnings", *Journal of Accounting and Economics* 23 (1997): 115 – 139.

DeLong, B. , Shleifer, A. , Summers, L. , and Waldman, R. , "Positive feedback investment strategies and destabilizing rational speculation", *Journal of Finance* 45 (1990): 379 – 395.

DeMarzo, Peter, M. , and Darrel Duffie, "Corporate financial hedging with proprietary in formation", *Journal of Economic Theory* 53 (1991): 261 – 286.

DeMarzo, Peter, M. , and Darrell Duffie, "Corporate incentives for hedging and hedge accounting", *Review of Financial Studies* 8 (1995): 743 – 771.

Dionne, G. , and Triki, T. , "On Risk Management Determinants: What Really Matters?" Working Paper 21, HEC Montreal Risk

Management Chair, 2004.

Feroz, E. , Park, K. , and Pastena, V. , "The financial and market effects of the SEC's Accounting and Auditing Enforcement releases", *Journal of Accounting Research* 29 (1991): 107 – 142.

Friend, I. , and Lang, L. H. P. , "An empirical test of the impact of managerial self-interest on corporate capital structure", *Journal of Finance* 43 (1988): 271 – 281.

Friend, I. , and Hasbrouck, J. , "Determinants of Capital Structure", *Research in Finance* 17 (1988): 1 – 20.

Fok, Robert, Carolyn Carroll, and Chiou, Ming, C. , "Determinants of corporate hedging and derivatives: A revisit", *Journal of Economics and Business* 49 (1997): 569 – 585.

Froot, Kenneth, A. , Scharfstein, David, S. , and Stein, Jeremy, C. , "Risk management: Coordinating corporate investment and financing policies", *Journal of Finance* 48 (1993): 1629 – 1658.

Gay, Gerald, D. , and Jouahn Nam, "The underinvestment problem and corporate derivatives use", *Financial Management* 27 (1998): 53 – 69.

Geczy, Christopher, Bernadette Minton, and Catherine Schrand, "Why firms use currency derivatives?" *Journal of Finance* 52 (1997): 1323 – 1354.

Graham, John, R. , and Daniel Rogers, "Do firms hedge in response to tax incentives?" *Journal of Finance* 57 (2002): 815 – 839.

Graham, John, R. , and Smith, Clifford W. Jr. , "Tax incentives to hedge", *Journal of Finance* 54 (1999): 2241 – 2262.

Georges Dionne, and Thouraya Triki, "On Risk Management

Determinants: What ReallyMatters", Working Paper 04, 2004.

Gompers, P. A., and Metrick, A., "Institutional investors and equity prices", *The Quarterly Journal of Economics* 116 (2001): 229 – 259.

Guay, Wayne, "The impact of derivatives on firm risk: An empirical examination of new derivative users", *Journal of Accounting and Economics* 26 (1999): 319 – 351.

Guay, Wayne, and Kothari, S. P., "How much do firm shedge with derivatives?" *Journal of Financial Economics* 70 (2003): 423 – 461.

Hamada, R. S., "The effect of the firm's Capital structure on the systematic risk of common stocks", *Journal of Finance* 27 (1972): 435 – 452.

Haushalter, David, G., "Financing Policy, Basis Risk, and Corporate Hedging: Evidence From Oil And Gas Producers", *Journal of Finance* 55 (2000): 107 – 152.

Hentschel, Ludger, and Kothari, S. P., "Are corporations reducing or taking risks with derivatives?" *Journal of Financial and Quantitative Analysis* 36 (2001): 93 – 118.

Jan Mossin, "Equilibrium in a capital asset market", *Econometrica* 34 (1966): 768 – 783.

Jensen, M. C., and Meckling, W. H., "Theory of the Firm: Managerial Behavior, Agency Costs and Ownership Structure", *Journal of Financial Economics* 3 (1976): 305 – 360.

Jin, Yanbo and Philippe Jorion, "Firm value and hedging: Evidence from U. S. oil and gas producers", *Journal of Finance* 61 (2004): 893 – 919.

John Lintner, "The Valuation of Risk Assets and the Selection of Risky Investments in Stock Portfolios and Capital Budgets", *Review of*

Economics and Statistics 47（1965）：13 – 37.

Johnson, L. L. , "The theory of hedging and speculation in commodity futures", *Review of Economic Studies* 27（1960）：139 – 151.

Kahneman, Daniel, Amos Tversky, "Prospect Theory: An Analysis of Decisions under Risk", *Econometrical* 47（1979）：263 – 291.

Lakonishok, J. , Shleifer, A. , and Washy, R. W. , "Contrarian investment, extrapolation and risk", *Journal of Finance* 49（1994）：1541 – 1578.

LaPorta, R. , Lopez-De-Silanesf, S. V. , "Corporate ownership around the world", *The Journal of Finance* 54（1999）：471 – 517.

Laveren, E. , Durinck, E. , DeCeuster, M. , and Lybaert, N. , "Can accounting variables explain any Beta?" Working Paper, University of Antwerpen, 1997.

Leland, Hayne, E. , "Agency costs, risk management, and capital structure", *Journal of Finance* 53（1998）：1213 – 1244.

Lessard, Donald, R. , "Global Competition and Corporate Finance in the 1990s", *Journal of Applied Corporate Finance* 3（1990）：59 – 72.

John D. Knopf, Jouahn Nam, John H. Thornton Jr. , "The Volatility and Price Sensitivities of Managerial Stock Option Portfolios and Corporate Hedging", *The Journal of Finance* 2（2002）.

Main, B. G. M. , "Corporate insurance purchases and taxes", *Journal of Risk and Insurance* 1983（50）：197 – 223.

Mardsen, Alastair, and Andrew Prevost, "Derivatives use, corporate governance, and legislative change: An empirical analysis of new Zealand listed companies", *Journal of Business Finance and Accounting* 32（2005）：255 – 195.

Markowitz, H. M. , "Portfolio selection", *Journal of Finance* 7 (1952): 77 – 91.

Mayers, David, and Clifford W. Smith Jr. , "On the corporate demand for insurance", *Journal of Business* 55 (1982): 281 – 296.

Mayers, David, and Clifford W. Smith Jr. , "Corporate insurance and the under investment problem", *Journal of Risk and Insurance* 54 (1987): 45 – 54.

Mayers, David, and Clifford W. Smith Jr. , "On the corporate demand for insurance: Evidence from the reinsurance market", *Journal of Business* 63 (1990): 19 – 40.

McFadden, "Rationality for economist?" *Journal of Risk and Uncertainty* 19 (1999): 73 – 105.

Mian, Shehzad, L. , "Evidence on corporate hedging policy", *Journal of Financial and Quantitative Analysis* 31 (1996): 419 – 439.

Modigliani, F. , and Miller, M. H. , "The cost of capital, corporation finance, and the theory of investment", *American Economic Review* 48 (1958): 261 – 297.

Morton, P. et al. , "The Interaction between Accrual Management and Hedging: Evidence from Oil and Gas Firms", *The Accounting Review* 77 (2002): 127 – 160.

Murphy, K. , "Corporate Performance and Management Remuneration: An Empirical Analysis", *Journal of Accounting and Economics* 7 (1987) : 43 – 65.

Myers, S. C. , "Determinants of Corporate Borrowing", *Journal of Financial Economics* 5 (1977): 147 – 175.

Myers, Stewart, C. , "The capital structure puzzle", *Journal of*

Finance 39 （1984）: 575 – 592.

Myers, L. , and Skinner, D. , "Earnings Momentum and Earnings Management", Working Paper, University of Michigan, 2002.

Nance, Deana, R. , Clifford W. Smith Jr. , and Charles Smithson, "On the determinants of corporate hedging", *Journal of Finance* 48 （1993）: 267 – 284.

Rogers, Daniel, "Does executive portfolio structure affect risk management? CEO risk-taking incentives and corporate derivatives usage", *Journal of Banking and Finance* 26 （2002）: 271 – 295.

Ross, M. P. , "Corporate hedging: What Why and How?" Working Paper, University of California, Berkeley, 1997.

Rubin, Amir, "Political Views and Corporate Decision Making: The Case of Corporate Social Responsibility", *Financial Review* 43 （2008）: 337 – 360.

Shleifer, A. , and Vishny, R. , "A survey of corporate governance", *Journal of Finance* 52 （1997）: 737 – 783.

Smith, Clifford, W. , and Stulz, Rene, M. , "The Determinants of firms' hedging policies", *Journal of Financial and Quantitative Analysis* 20 （1985）: 391 – 405.

Stephan Buck, McGraw-Hill, "Exploring a golden business opportunity", *Long Range Planning* 24 （1990）: 156.

St. Pierre, K. , and Anderson, J. A. , "An Analysis of the Factors Associated with Lawsuits against Public Accountants", *The Accounting Review* 59 （1984）: 242 – 263.

Stulz, Rene, M. , "Optimal hedging policies", *Journal of Financial and Quantitative Analysis* 19 （1984）: 127 – 140.

Stulz, Rene, M. , "Rethinking risk management", *Journal of Applied Corporate Finance* 9 (1996): 8 – 24.

Subramanyam, K. , "The pricing of discretionary accruals", *Journal of Accounting and Economics* 1996 (22): 249 – 281.

Sun, Q. , Tong, W. H. S. , "China Share Issue Privatization: The Extent of Its Success", *Journal of Financial Economics* 70 (2003): 183 – 222.

Tufano, Peter, "Who manages risk? An empirical examination of risk management practices in the gold mining industry", *Journal of Finance* 51 (1996): 1097 – 1137.

Tufano, Peter, "Agency costs of corporate risk management", *Financial Management* 27 (1998): 67 – 77.

Watts, R. L. , and Zimmerman, J. L. , *Positive Accounting Theory*, Prentice Hall, Inc. , Englewood Cliffs, 1986.

Watts, R. L. , et al. , "Positive Accounting Theory: A Ten Year Perspective", *The Accounting Review* 65 (1990): 131 – 156.

Weisbach, Michael, S. , "Outside directors and CEO turnover", *Journal of Financial Economics* 20 (1988): 431 – 60.

Willian F. Sharpe, "Capital asset prices: A theory of market equilibrium under conditions of risk", *Journal of Finance* 19 (1964): 425 – 442.

Working, H. , "Futures trading and hedging", *American Economics review* 43 (1953): 314 – 343.

Xu, X. N. , and Wang, Y. , "Ownership structure, Corporate governance, and Corporate performance: The Case of Chinese Stock Companies", *China Economic Review* 10 (1999): 75 – 98.

Zeff, S. A. , "The Rise of Economic Consequences", *The Journal of Accounting* 12 (1978): 56 – 63.

图书在版编目（CIP）数据

上市公司衍生金融工具运用风险及治理研究／马施
著. —— 北京：社会科学文献出版社，2018.6
　（中国劳动关系学院青年学者文库）
　ISBN 978 - 7 - 5201 - 2219 - 1

　Ⅰ.①上…　Ⅱ.①马…　Ⅲ.①上市公司 - 衍生金融工
具 - 风险管理 - 研究 - 中国　Ⅳ.①F279.246

　中国版本图书馆 CIP 数据核字（2018）第 029319 号

·中国劳动关系学院青年学者文库·

上市公司衍生金融工具运用风险及治理研究

著　　者／马　施

出 版 人／谢寿光
项目统筹／高明秀　王晓卿
责任编辑／王晓卿　郭红婷

出　　版／社会科学文献出版社·当代世界出版分社（010）59367004
　　　　　　地址：北京市北三环中路甲 29 号院华龙大厦　邮编：100029
　　　　　　网址：www.ssap.com.cn
发　　行／市场营销中心（010）59367081　59367018
印　　装／三河市龙林印务有限公司

规　　格／开　本：787mm × 1092mm　1/16
　　　　　　印　张：12.25　字　数：152 千字
版　　次／2018 年 6 月第 1 版　2018 年 6 月第 1 次印刷
书　　号／ISBN 978 - 7 - 5201 - 2219 - 1
定　　价／59.00 元

本书如有印装质量问题，请与读者服务中心（010 - 59367028）联系